New TOEIC Model Test 3 詳解

PART 1

1. (**B**) (A) 有些人正在餐廳工作。
(B) 有些人正在工廠工作。
(C) 有些人正搭乘公車。
(D) 有些人正在粉刷牆壁。

* factory〔ˈfæktərɪ〕*n.* 工廠　ride〔raɪd〕*v.* 搭乘
paint〔pent〕*v.* 油漆；粉刷

2. (**B**) (A) 女士正在遛狗。
(B) 女士正推著手推車。
(C) 女士正在開車。
(D) 女士正在付錢買東西。

* ***walk a dog*** 遛狗　cart〔kɑrt〕*n.* 手推車
pay for 支付　purchase〔ˈpɝtʃəs〕*n.* 購買（的東西）

3. (**A**) (A) 男士正搬著一個箱子。
(B) 男士正要坐下。
(C) 男士正在鏟雪。
(D) 男士正在用電腦工作。

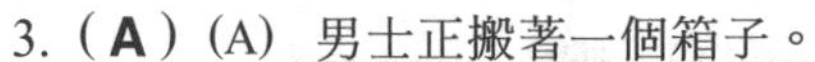

* carry〔ˈkærɪ〕*v.* 搬運　shovel〔ˈʃʌvḷ〕*v.* 用鏟子鏟起

4. (**C**) (A) 牧師正在講道。
(B) 醫生正在動手術。
(C) 警官正在開罰單。
(D) 消防員在捲開水管。

* priest〔prist〕*n.* 牧師；神父　sermon〔ˈsɝmən〕*n.* 講道；佈道
perform〔pəˈfɔrm〕*v.* 執行　surgery〔ˈsɝdʒərɪ〕*n.* 手術
officer〔ˈɔfɪsə〕*n.* 警官　ticket〔ˈtɪkɪt〕*n.* 罰單
unroll〔ʌnˈrol〕*v.* 展開；鋪開　hose〔hoz〕*n.* 軟水管

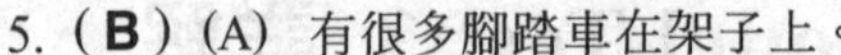

5. (**B**) (A) 有很多腳踏車在架子上。
(B) <u>有很多船在港口裡。</u>
(C) 有很多車塞在車陣中。
(D) 有許多飛機在空中。

* rack〔 ræk 〕*n.* 架子　harbor〔'hɑrbɚ 〕*n.* 港口
stuck〔 stʌk 〕*adj.* 卡住不能動彈的
traffic〔'træfɪk 〕*n.*（往來的）車輛
airplane〔'ɛr,plen 〕*n.* 飛機

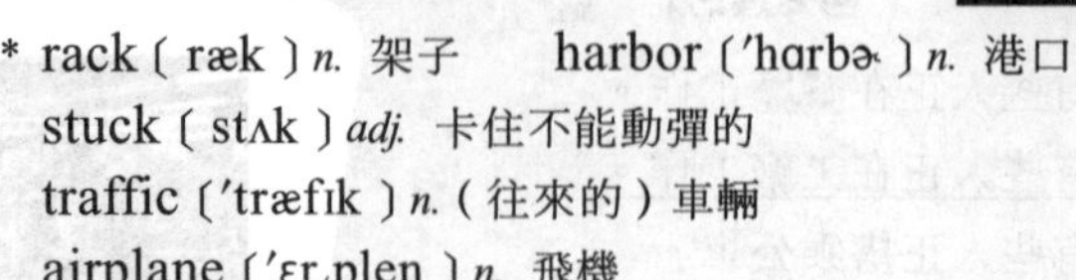

6. (**A**) (A) <u>他們正在爬山。</u>
(B) 他們正爬下樓梯。
(C) 他們正在越過小溪。
(D) 他們正在登機。

* stairs〔 stɛrz 〕*n. pl.* 樓梯　cross〔 krɔs 〕*v.* 越過
board〔 bɔrd 〕*v.* 上（車、船、飛機）

PART 2 詳解

7. (**A**) 會議室準備好可以和布朗先生開會了嗎？
(A) <u>是的，都準備好了。</u>　(B) 是的，他們都準時。
(C) 是的，他昨天要求過了。

* reference〔'rɛfərəns 〕*n.* 會議　meeting〔'mitɪŋ 〕*n.* 開會
set〔 sɛt 〕*adj.* 準備好的（= *ready*）　***on time*** 準時的

8. (**C**) 我用完影印機後，你要用嗎，還是我應該關掉？
(A) 我會買一台二手的。　(B) 我眞的很喜歡它。
(C) <u>請關掉。</u>

* ***would like to V.*** 想要～　copier〔'kɑpɪɚ 〕*n.* 影印機
turn off 關掉（電器）　done〔 dʌn 〕*adj.* 已經完成的
used〔 just 〕*adj.* 用過的；二手的

9. (**A**) 你想要出席餐廳經理的研討會嗎？

命理生活新智慧・叢書 54

權、祿、科

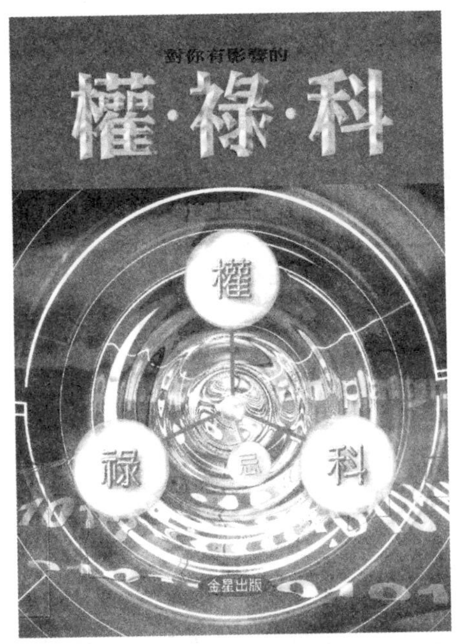

http://www.venusco555.com m.tw
http://www.venusco.com.tw
E-mail: fatevenus@yahoo.com.tw

法雲居士⊙著

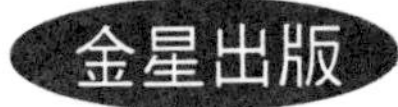

國家圖書館出版品預行編目資料

對你有影響的權祿科／法雲居士著，--第1版.--臺北市：金星出版：紅螞蟻總經銷，2003[民92]
冊；　公分--（命理生活新智慧叢書；54）

ISBN 957-8270-46-1（平裝）

1.命書

293.1　　　　92001692

對你有影響的
權、祿、科

作　　者：法雲居士
發 行 人：袁光明
社　　長：袁靜石
編　　輯：王璟琪
總 經 理：袁玉成
出版部主任：劉鴻溥
出 版 者：金星出版社
地址：台北市南京東路3段201號3樓
電話：886-2--25630620●886-2-2362-6655
FAX：886-2365-2425
郵政劃撥：18912942金星出版社帳戶
總 經 銷：紅螞蟻圖書有限公司
地　　址：台北市內湖區舊宗路二段121巷28・32號4樓
電　　話：(02)27953656(代表號)
網　　址：http://www.venusco555.com
E-mail　：venus@pchome.com.tw

版　　次：2003年4月第1版　2004年8月新刷
登 記 證：行政院新聞局局版北市業字第653號
法律顧問：郭啟疆律師
定　　價：500 元

行政院新聞局局版北字業字第653號
(本書遇有缺頁、破損倒裝請寄回更換)

ISBN：957-8270-46-1 (平裝)

（因掛號郵資漲價，凡郵購五冊以上，九折優惠。本社負擔掛號寄書郵資。單冊及二、三、四冊郵購，恕無折扣，敬請諒察！）

序

這一本『權、祿、科』的書，是一套六冊書其中的一本。其餘的幾冊是『羊陀火鈴』、『殺破狼』、『府相同梁』、『化忌、劫空』、『昌曲左右』。這六冊書是用很精緻的說法和理論向讀者闡述：這些相關星曜在各個不同位置出現之單獨的影響，或在三合四方宮位出現時，彼此相互輝映所造成對人生之影響，總括說起來，這也是一本算命的工具書。會讓你更明瞭凶星、煞星，凶到什麼程度，吉星吉到什麼程度。也會讓你明白煞星也會對人有利的一面，以及吉星有時也會因自己的特性使然，而造成人生的拖累，而不吉了。

『化權、化祿、化科』是四化中之三化，它是干系星，是由出生年份來排定的。我曾經說過，所有的星曜所在的位置，表達了星曜的旺弱。而星曜的旺弱又表達了星曜的強度。會對星曜做出加分、減分的作用。而化權、化祿、化科，甚至於化忌，這四科化星，又更是對所跟隨之主星，做出更加強與加更多分，減更多分的力量。例如太陽化權，就是在對男性方面的主導力量更加強了，也在事業和領導事務、公眾事務，政府機關事務方面的加強力量。在人的命盤之中，有太陽化權的人，就會對事業和領導力，以及政府、公眾事務及男性社會中的事務，及男性之人、陽性的東西有興趣、有主導力和控制力。

而這些主導力、控制力以及興趣，到底有多強呢？這就還要看太陽這顆主星到底居於什麼位置，在哪一宮位。也就是說：太陽化權居於哪一宮，就有不同的強弱了。例如說太陽化權在卯宮居廟，和居廟的天梁同宮，這個太陽化權便十分十分的強勢，有強硬要主導一切的狀況。這是不容他人反抗的，只要太陽這顆星所主管的事務，它都要強制插手來管。而且很奇怪的事是：會被它所管到的人、事、物，也都會臣服於它的威嚴之下被它管。因此凡是有太陽化權在命宮的人，男人看到他會怕他、尊敬他。性格陰柔的人，雄性的動物，陽剛的事物都會對他服服貼貼。

四化星是跟隨主星的旺弱而有旺弱之分的。例如有太陽化權，而太陽居旺

在午宮時，太陽化權的旺度就很高了。但會次於在卯宮居廟的太陽化權。

太陽化權旺度的排行順序是：

太陽居廟化權→太陽居旺化權→太陽居得地化權→太陽化權→太陽居平化權→太陽居陷化權倘若要把沒有帶化權的太陽之旺度一起列入，所形之層次表是：

太陽居廟化權→太陽居旺化權→太陽居得地化權→太陽化權→太陽→太陽居平化權→太陽居陷化權

但上表中可以看出，太陽再居平、居陷的位置時，化權的力量也相對減弱了。而太陽居平、居陷帶化權時，在命理上會有不同的解釋，這在我們的書中會談到，此處不贅言。以及權、祿、科之旺弱吉凶，相互參差時的莊況，書中也會談到。

總而言之，『祿、權、科』，一方面是表達了增強星曜旺度方面所隱含的資訊與力量。另一方面在專屬的事務領域中也表達了加強的特質。（例如：化權

星是管主導力、控制力方面的。化祿是主財和人緣、機會方面的，化科是主文采和氣質、做事能力方面的特質）。再一方面，是在人天性格和思想脈絡方面特質的加強。

由這些種種的特質和人生原始的架構，才形成我的一生多采多姿、變化起伏，對某些方面特別專長，對某些是特別在意，特別要做的人生態度。

很多讀者來信要求我多談一些四化星的事情，因此我特別出了這麼一本專談化星的書。

有些紫微派別的人，喜歡把流年天干所代表的『權祿科忌』和本命的『權利科忌』相混淆，於是很多人算命就算不準了。常來信或用電話詢問這件事。特在此一併說明，流年天干之『權祿科忌』是表大環境之影響。大環境就是你週邊所生活之環境，包括了這個世界、全球，你所屬的國家、社會，和你工作的場所。這是時代的影響，倘若你的流年好，以及遷移宮好，這些影響對你傷害小，甚至微乎其微，你是感覺不到的。倘若你的流年壞、遷移宮又不好，就

容易逢失業、賺不到錢的問題了。因為大環境蕭條的緣故。例如壬年大環境走武曲化忌的運程，大環境中百業蕭條，經濟不景氣，倘若你正走武府運（在午宮），你還是賺錢很多，不為財愁的。這就是很多人在壬年時仍收入極豐的狀況。但如果你在壬午年很窮，這表示你命盤上的午宮是無財之星，或財星陷落，或有煞星在其中。午年的流年運程不好的，所以逢到大環境不佳，你就撐不住了。

接下來的癸未年有貪狼化忌，表示機會不好、不多，或是有怪異的機會，一做下去便失利了。這是大環境中的機會不好，對你的影響會有，但是你本命的流年運好，便一點也不怕，不必擔心。倘若你本命的流年不好，大環境中的機會又不佳，你便知道問題會很多，很煩。你若要知道會發生在你身上的問題是哪一方面的，便要看你命盤上的未宮是何星曜，會代表何事，才能定奪了。

有些紫微派的人，更會用飛星的方式，把十二宮的天干所代表的『權祿科

忌』和流年所代表之『權祿科忌』相互飛來飛去，即所謂飛忌互沖等的算法來論命，這些都是畫蛇添足，故弄玄虛，製造假的理論混淆視聽的作法。只有頭腦不清楚，喜歡把事情複雜化、做事愈做愈亂、思想多糾結、多是非的人才會有把前人留下的正派理論曲解，作出不當解釋，讓後學者茫然，繞了大彎，最後還是回到原點之上，這是正派命理家所不齒的行為。

『權、祿、科、忌』這些星在人命中，對人生的影響也很大，也是要看我們如何來應用它，它才會發生作用，對我們有幫助。在此，和對命理有興趣的朋友們共勉之，一同來追求紫微命理學最高的層次。

法雲居士　謹識

權祿科

權祿科

目錄

前　言／13

第一章　『權祿科忌』是一種對人生和命運的規格及約制／19

第二章　化權星的吉凶善惡／79

第一節　化權星的優質意義／80

第二節　十種化權星各有其不同意義／85

第三章　化權星在主要宮位、次要宮位及閒宮對人之影響／135

第一節　化權星在『命、財、官』對人之影響／135

第二節　化權星在『夫、遷、福』對人之影響／189

第三節　化權星在閒宮對人之影響／218

第四章　化祿星的吉凶善惡／263

第一節　化祿星的吉凶善惡／263

第二節　十種化祿星的意義／265

第五章　『化祿星』在主要宮位、次要宮位及閒宮對人之影響／299

第一節　化祿在『命、財、官』對人之影響／300
第二節　化祿在『夫、遷、福』對人之影響／313
第三節　化祿星在閒宮時對人之影響／323
第六章　化科星的善惡吉凶及內含／335
第七章　化科星在命盤中主要宮位、次要宮位及閒宮對人之影響／341
第一節　化科星在『命、財、官』對人之影響／341
第二節　化科星在『夫、遷、福』對人之影響／347
第三節　化科星在閒宮時對人之影響／358
第八章　三合、四方出現『權、祿、科』之影響／375

▼權祿科

第九章 權祿相逢、權科相逢、祿科相逢／389
第一節 『權祿相逢』對人之影響／390
第二節 『權科相逢』對人之影響／406
第三節 『祿科相逢』對人之影響／416

第十章 在大運、流年運程中『權祿科』所代表之意義／429

前言

『權、祿、科』這一本書，是六冊一套書其中的一本。其餘幾冊是『羊陀火鈴』、『殺破狼』、『府相同梁』、『化忌劫空』、『昌曲左右』。為什麼規劃這一套書呢?主要是有一些長期以來的讀者，跟隨我們出版社的出書腳步來學習紫微命理，在各方面都略具命理的基本知識，但仍希望探討更精微，更仔細的命理玄機。而且在對許多星曜單獨存在，或數個以上星曜相聚在一起，或是在三合四方宮位相遇時的狀況，仍不能十分精確的掌握。因此常有讀者來電話或寄信要求我多談一些。

權祿科

『化權』、『化祿』、『化科』，甚至『化忌』，這四顆化星，原本我在很多本書中都有提及。這一次專門出一本書來談，一方面是應讀者要求，一方面，我也是想藉由此書來達到以正視聽的效果。很多人用命盤上定命宮干支的方法（命盤上各宮的干支），和本命四化及流年四化，相混淆，用所謂飛星、飛祿、飛忌及『飛星互沖』的方法來論命。這是六、七十年代台灣紫微命理界的新發明。沒有經過歷史和真實理論的印證。所以常常算命算不準。有很多讀者在坊間買到這樣的書來學習，被弄混了，愈來愈搞不清楚，好運也不能斷定是好運，壞運又誤以為是好運，不知如何避災，以至於灰頭土臉，再回頭找我來解釋。這當然耽誤了許多學習精進命理學的時間，而且人生中至少有一段時間是茫然的了。

每一個人命盤中的四化星，就是其人原始的四化，永遠是不會

改變的。既不會因流年運行不同而改變，也不會飛來飛去。在人命盤上十九顆主星的星曜全都是恆星，不會隨便變動位置。但四化星是干系星，他是隨出生年不同而定的。而左輔、右弼是月系星，它是隨出生月份而定的。文昌、文曲、地劫、天空是時系星，它是隨出生時辰而定的，只有這樣的不同。

在命盤中，所謂『活盤』，是指當我們的流年在十二個地支年運行時，每過一年，流年運便向前挪一個宮位。例如說：羊年的流年命宮便在未宮，流年兄弟宮在午宮，流年財帛宮在卯宮，流年官祿宮在亥宮……等等。因為代表流年運程的諸宮位會因時間的邁進，向前移動，所有代表流年中的諸事也會向前挪位，因此稱此種現象為『看活盤』。

『飛星』的問題，最早的說法是：活盤因流年運程的變化，而流年命宮或流年諸宮中的星曜有所改變了。例如說：陳水扁總統是廉相坐命子宮的人。在羊年的流年命宮是天機陷落，而原本天機陷落是他的疾厄宮。而羊年，在他命宮中的廉相，變成他羊年的流年僕役宮。這就是『廉相飛星到僕役宮』。而他原來命盤中的財帛宮紫府，在羊年就是流年父母宮。就會稱『紫府飛星到父母宮』。而他命宮中原來的武曲化權在官祿宮，在羊年是流年子女宮，就稱『武曲化權飛星到子女宮』。

所謂的『飛星』，原本是計算流運的方式，是因運程改變，活盤運動旋轉而來的。並不是星曜自己會飛、會變動。十九個甲級星曜在人出生時之時間的十字標出現以後，便固定了，再也不會變動。所變動的是時間的挪移和年歲的增長而已。所以各位讀者朋友，不要太喜歡相信新潮異說，要從根本來探究事實的真相。也不能太盲

科祿權

從自製的『飛星』理論。至少『紫微斗數全書』上沒這樣教你。

在這一本『權、祿、科』的書中，我會把這三種化星的吉凶善惡，以及在各宮出現所代表的意義闡述出來。但因為篇幅的問題，有關於『權忌相逢』、『祿忌相逢』、『科忌相逢』的問題，我會放在『化忌、劫空』這本書中再談。主要這也是牽扯到化忌星的問題，而做的歸類。但是『權祿相逢』、『權科相逢』、『祿科相逢』會在這本書中談到，請各位讀者拭目以待。

▼ 前言

此書為法雲居士重要著作之一，主要論述紫微斗數中的科學觀點，在大宇宙中，天文科學中的星和紫微斗數中的星曜實則只是中西名稱不一樣，全數皆為真實存在的事實。

在紫微命理中的星曜，各自代表不同的意義，在不同的宮位也有不同的意義，旺弱不同也有不同的意義。在此書中讀者可從法雲居士清晰的規劃與解釋中對每一顆紫微斗數中的星曜有清楚確切的瞭解，因此而能對命理有更深一層的認識和判斷。

此書為法雲居士教授紫微斗數之講義資料，更可為誓願學習紫微命理者之最佳教科書。

第一章　『權祿科忌』是一種對人生和命運的規格及約制

很多人對『權祿科忌』有疑問。也有很多人將『權祿科忌』拿來做文章，創造新的理論。

實際上，每個人在出生以後，你命運中的四化已經定好了，再也不會更改了。無論你在後來的歲月中，再逢任何『甲、乙、丙、丁、戊、己、庚、辛、壬、癸』等的哪一年，你都只有自己出生的那一年的四化跟著你。例如你是壬年生的人，就是『紫微化權、天梁化祿、左輔化科、武曲化忌』一輩子跟著你。例如你是癸年生的人，那就是『巨門化權、破軍化祿、太陰化科、貪狼化忌』一輩子跟著你。你若是甲年生的人，那就是『破軍化權、廉貞化祿、武曲化科、太陽化忌』一輩子跟著你，形影不離。而其他年份的四化和你一點關係也沒有。

每個人只和自己出生年份的『權祿科忌』有關係

每個人只和自己出生的年份所形成之『權祿科忌』有關係。你是無法跨足去享受別的年份的『權祿科忌』的。例如你是甲年生的人，你就是只有破軍化權的威力和廉貞化祿的享受，及武曲化科的能力，以及一生中遭受『太陽化忌』的是非痛苦。但即使在乙年，你也決不會享受到天梁化權的威力、天機化祿的享受和財力，或紫微化科的做事能力，以及太陰化忌的煩惱。

好比說，己年時生的有貪狼化權、武曲化祿、天梁化科、文曲化忌。你若是甲年生的人，即使行運到己年，你仍然是享受自己命運之中的『破軍化權、廉貞化祿、武曲化科、太陽化忌』。這是永遠也無法改變的事實。

為什麼這樣？

因為『權祿科忌』就是每個人之人生和命運的一種規格和約制。紫微斗數是由『八字』轉變而來的，在八字中，雖只有八個字，但財、官、煞、忌分的十分嚴謹，有六神和十神的配置，又有許多格局的變化、季節的變化、刑沖及神煞的變化。紫微斗數是將『八字』與『五星學』綜合而形成立體化之後的一種新式命理學。也依然必須要有財官、煞忌的約束，才能將『命』算得準。因此在時序上，在年干這個部份用『權祿科忌』以及羊、陀、祿存這些甲級星來代表八字中的『財官煞忌』。在時序中，在月的部份，用左輔、右弼、天刑、天馬、天姚、陰煞這些星來代表八字中的神煞部份（八字中的神煞多起於月份）。在時辰上，用文昌、文曲、火星、鈴星、地劫、天空這些時系星來表示時辰這個時間點上所形成的臨時神煞。如此這般的層層設計，才能嚴密的將經由時間所形成的吉凶，規劃成一個順序，一步步的展現出來。

早期紫微斗數出現時，並不完備。分為北、南二派。其中十二宮的內容次序皆不一樣。並且北派之十八飛星的名稱和南派星曜的名稱也不一樣。可說是在論命基礎點上就有極大之不同。

目前台灣所流行的紫微斗數是『南派紫微』，是講求實際的斗數的，凡排盤時，先定紫微，再以命宮納音所定之天干來確定紫微躔宮，然後依次逆佈紫微、太陽、武曲、廉貞……等北斗七星，再順

佈府、陰、相、梁等南斗七星，再加以若干輔星，列出星盤，按星曜的廟旺、失陷、以及各星所躔之宮位，來論人吉凶。

所以在紫微斗數中，命宮納音所定之天干，只是用來確定紫微所定之宮位及躔度、旺弱而用的。現今有人將此命宮納音所定之天干，再套以當年年干四化，再飛來飛去，飛到對宮的宮位，或飛到三合宮位，製造混亂，實是不智的作法，也根本沒有意義。只是發明了一些無用的技倆而已，對於算命是沒有幫助的。現在我們知道了為什麼要定命宮的天干，主要是要『定紫微』要落在何宮，及紫微的旺度，而命宮的天干，又是由納音所形成的。因此就會知道四化和命宮天干之間根本沒有關係。

『四化』之『權祿科忌』是和我們的運程有關係。只要你細細體會，你就會發現在你一生中，有很多事情在緊要的關頭，便會受

科祿權

你生年所產生之四化之影響。

筆者是辛年生人，在命盤中有太陽化權，而且這個太陽化權是在巳宮居旺的。我自己就常感受到這個『居旺的太陽化權』，給我自己常帶來致勝的、能掌握先機的制優點。例如：以前做生意的時候，要談契約或要做重大決定時，我必會選擇這個『太陽化權』的流日和流時來製約、談判。若要見重要的客人或長輩，也是用這個『太陽化權』的流日和流時，所以在工作上是非常順利的，也不會有任何麻煩和反彈聲響的。由其是要約談的對象是男性時，是絕對要用此『太陽化權』的流日和流時的。

辛年生的人，命盤中還有巨門化祿，所幸我的巨門化祿在亥宮，也是居旺的。巨門是口舌是非、糾紛和災禍。巨門居旺時，這些是非、糾紛、災禍都會輕一點，有化祿時，可用圓滑的口才來潤滑一下，使口舌是非和糾紛不嚴重，或消失於無形。我一向怕麻煩，尤其對口舌是非很厭煩，覺得是浪費時間、對人無利的事。因此命盤中有這個居旺的巨門化祿，其實我平日少見口舌是非之事。即使在生活中有言語上的不快和磨擦，也都很快的可解釋清楚，使誤會消失。反觀我的弟弟是丁年生的人，有巨門化忌在命盤之中，難得有幾日清閒，常被口舌是非纏繞，一會兒有流言中傷，一會兒被朋友倒會有爭執，十分麻煩。我有時想，他的那種日子，叫我是很難過得下去。但是你放心，丁年生的人，命盤中雖有巨門化忌，是非很多，但他們也有天同化權，可自然而然的將一切平復，有自然而然享福的主導權。所以縱然環境中再紛擾不堪，但丁年生的人，仍是會活的好好的。所以丁年生的人，只要有是非麻煩出現，就趕快搬出天同化權來應對就萬無一失了。但是你的天同化權最好也要是在廟旺之位的，而不是在辰、戌、卯、酉、丑、未宮的，居平、居陷的天同化權是根本沒有致福和主導福氣的效力的。若是有這樣不強的化權、化祿、化科，就表示你的人生格局又被打了折扣，會更低了。因為這是根本不具備主導權和主控人生機運的機會了。

辛年生的人，在命盤中有文昌化忌、文曲化科，表示是在精明度和對利益的計算能力上有瑕疵。而文曲代表口才和才華，化科代表做事能力。

而文昌化忌不但代表的是計算能力和對利益的計算方式有瑕疵，並且代表其人會在讀書學習上不走正道，以及在未來選擇工作上，會起起伏伏，或走上不同的道路，做了和原本所學不一樣的工作。

辛年生有文昌是居旺帶化忌的人，在讀書時代還是自負聰明的，喜歡看課程以外的閒書，學習廣博的學問，表面上看不出與同學有何差異，成績也會不錯。但在入社會工作時，便會常改行、換行，東做做，西做做，或者是根本做了一行和本來學校中學習的科目不一樣的行業。

倘若文昌化忌是在寅、午、戌宮居陷的人，或是在卯、亥、未宮居平位時，那些人在學校讀書時的功課就根本很普通、不會好，而且常出錯，未來在工作時，改行、換行，以及在錢財利益上算不清，有是非的狀況，以及事業和人生有波折不順的狀況會更嚴重。

有一位住在香港的先生來算命，他是辛年生的人，他的文昌化忌和左輔同在子女宮，又在卯宮居平。可是他自認自己幼年時數學很好，對於我說他『對於利益的計算能力不佳』，很不服氣。

權祿科

我所說的利益是『人生的大利益』。例如這位先生是太陽化權、地劫坐命午宮的人，為人很主觀，喜歡掌權，但又常為了外來的某些原因而不想掌權做事，常放棄做事業的機會，四十歲了，之前改換了七、八種行業，常從頭開始，因此事業常在不穩定的狀態。他原本在命格中有很好的『陽梁昌祿』格，在子、午、卯、酉宮四正之位形成，但此格中有文昌化忌，故雖有大學學歷，並未向上繼續深造，並且文昌化忌和左輔同在子女宮出現，表示在才華上左輔（平輩貴人星）更幫助了文昌化忌在利益和人生上走上歧途。

另外，在人生的利益方面，這位朋友一直在談：想和才結婚數年的妻子離婚。原因是覺得和妻子相處乏味，他發覺只對外面的女人有興趣。我問他：你在外面已認識別人了嗎？他說：還沒有人。我聽了也覺得好笑。太陽坐命的人，夫妻宮都有一顆天同星，表示夫妻相處平和、祥順，但常會沒有激情。太陽坐命的人本身也缺乏情趣，常希望別人來增加他生活上的樂趣。此位先生的夫妻宮是天同、天空。表示感情世界是十分空洞的。說的清楚一點，他是根本不懂得什麼是愛？也根本搞不清楚自己到底是愛什麼樣的人？

此位先生的本命財少、配偶是太陰坐命亥宮居廟的人。在命理上是和他十分相合的人。太陰是受太陽所吸引、反射出來而有光芒的，所以兩人是十分契合的。他也承認妻子對他十分好，但是他就是對妻子沒與趣了。

太陰也是財，太陰坐命的人都會存錢，儲蓄。這位妻子應該已為家庭中儲蓄很多錢。這位先生要與妻子分開、離婚，在對自己本身的利益上實在是錯誤的想法。將來必致窮困的境地。目前他又正走在『文昌化忌、左輔』運的大運上。所以我說他是對利益的計算能力不佳，也正是印證了在他的人生中，文昌化忌對他人生的影響了。

十種『權、祿、科、忌』，是十種人生格局的層次

甲年生：有破軍化權、廉貞化祿、紫微化科、太陽化忌

代表凡是甲年生的人，在意志力上有打破傳統，奮力打拚，不顧一切希望改革的衝動。另一方面在內在精神上，好享受男女桃花色情的事，或是有蒐集癖好，在金錢上或政治方面會用技巧和方法來制衡。但是在事業上或與男性關係上會遭遇到挫折。一生中事業多起伏不順和隕落。和男性之間的衝突較多，也影響到工作的不順利。

倘若在你的命盤中的破軍化權、廉貞化祿、紫微化科、太陽化忌皆在旺位以上的旺度，那你人生的格局和命運的運轉，就會在一個十分積極、往高處增長，不斷的求好、求變，不斷的有新的里程碑出現。因為太陽化忌也在旺位，事業和男性之間的衝突會有，但會減弱。

※凡是命盤中有太陽化忌的人，不論是太陽居旺化忌或是居得地化忌，亦或是居陷化忌。能掃蕩、排除太陽化忌的方法有：

一、多曬太陽。只要有太陽出來，便出去曬一曬，以備後來之需。因為太陽是丙火，屬陽，化忌屬水，屬陰，所以太陽化忌是極陽和極陰的結合，非常不吉。

二、和男性的談話與會商要公開進行，至少要有第三者在場。這樣就不會被對方（對方是男性）所壓制。也不會讓對方製造糾紛，來混亂視聽，侵佔你的利益了。

三、做事業要做麻煩少、簡單的事業和工作。儘量找工作場所女性多的工作環境來做。找與女性一起的工作來做。找上司主管為女性的職位來做。多和女性在一起，你的事業和工作才會順利。

女性代表太陰，是財。有太陽化忌在命盤中的人，在事業上的發展容易受到限制，所以要升官、具有名聲、掌實質的權力可能都會受到脅制、不吉。因此你就專心賺錢好了，『主富』才是你主要的人生目標，你要是認不清這一點，你就會一生追求什麼都求不到。求財、求富貴，皆求不到。

倘若你命盤中的破軍化權、廉貞化祿、武曲化科、太陽化忌是居陷的，又都有了不同的意義了。

例如前立法委員林瑞圖先生是破軍化權、廉貞化祿坐命酉宮的

人。此種破軍化權居陷位和廉貞化祿是居平位的，因此他有冒險犯難、強力打拚在一些黑暗、污穢的事務上。另一方面又有蒐集嗜好、喜蒐集古董。

破軍居陷化權，是強力要破耗，強力要改革、摧毀，也會強力要花錢、耗財，故會窮。

廉貞居平化祿是能得到稍微的精神享受。因廉貞是桃花星，居平時，桃花較弱，或有不好的桃花。化祿也是享受。故林瑞圖在異性艷遇上是有的，但他不愛此道，而喜好蒐藏。據說朋友借他一個很大的倉庫放珍貴的古董，但這些古董早就抵壓出去了。在活著的時候，他可以享受看古董的樂趣，但死後，這些古董就是別人的了。這是朋友對他的義氣。

因為林瑞圖先生的官祿宮中有太陽居旺化忌、巨門居廟，故事

業上多波折，起伏和是非。太陽化忌在旺位，仍是會有大鳴大放的機會，但時間不長，會斷斷續續必有消長和隕落。

乙年生：有天梁化權、天機化祿、紫微化科、太陰化忌

代表凡是乙年生的人，在『機月同梁』格的力量較強。你倘若正是機、月、同、梁這些命格的人，而命格中的三方四正又正有這些『權祿科居旺』的人，則你的命理結構會較強。這更表示乙年生的人，主要是以公務員和薪水族的人生架構為依歸。乙年生的人，大多數會去做薪水族。少數做生意的人，會因為有太陰化忌的關係，而財不豐，賺錢不多，在事業上會有起伏。也會和女性不和、存錢不多。

乙年生的人因為有天梁化權，因此重視名聲或喜好做教育事

業，照顧及管制別人。天機化祿本身就是為人服務而得財。紫微化科是有很好的做事方法，講究高尚的氣質。因此乙年生的人，較重名不重利，這就是乙年生的人的人生規格。

丙年生：有天機化權、天同化祿、文昌化科、廉貞化忌

代表凡是丙年生的人，也是『機月同梁』格的力量較強。而且有文昌化科在『機月同梁』格之中，又形成『陽梁昌祿』格時，就會將學業和未來事業的力量連成一氣。也會學而優則仕、做大官。但有廉貞化忌在命格的三合四方宮位時，官場待不久，仍會回學術界或教育界。

丙年生的人，命格是機、月、同、梁的人，命格較強。其他命格的人，都會受到廉貞化忌的影響，在人生上不順。因為丙年生的

人，就是應該特別聰明、能掌握機變的時間，來平安享福、享受，具有高格調的文化素質，但在政治上的議題、爭鬥、暗中謀劃、血腥衝突、桃花糾紛上是多災多難的。因此丙年生的人的人生架構，最好也是薪水族或公務員的架構，會平順和有發展。若從商或從政則會有苦頭吃，多波折不順了。

丁年生：有天同化權、太陰化祿、天機化科、巨門化忌

代表凡是丁年生的人，也是『機月同梁』格的力量較強。丁年生的人因有天同化權的緣故，會較喜歡享福，有太陰化祿的緣故，會存錢儲蓄，也喜歡享受感情上的快樂，較喜歡無憂無慮的生活。有天機化科，其聰明才智運用在做事工作方面綽綽有餘。但有巨門化忌，表示在平靜的生活上仍有口舌是非或災禍在不斷發生。這有

時是因為生活太平靜、太閒了。是由於人思想上想得太多的問題而產生的。也會是因為積極力、奮發力不足而產生的。我們可以發現機、月、同、梁坐命的人，巨門星一定在『命、財、官』、『夫、遷、福』等宮出現。所以丁年生的人，就會有巨門化忌在這些宮位出現。縱使你有權、祿、科也同時在其中，命格還是會打折扣的。所以丁年生的人，反而，命格是紫、武、廉、殺、破、狼坐命的人較命格高一些。但仍脫不出『機月同梁』格的形態，以做公務員、薪水族為較佳的人生架構。

戊年生：有太陰化權、貪狼化祿、右弼化科、天機化忌

代表凡是戊年生的人，在人生架構上，若以『機月同梁』格薪水族為人生架構上，會以薪水高、掌財經、金融，和錢財有關的

事、做得很好。但一生中會有起伏、或因聰明才智及機運的問題，遭逢一次災禍。

倘若你是機、月、同、梁在命格的人，『權忌相逢』就會在命格中出現，人生的層次就會降低，一生就會有波瀾、不順利。這多半會是因思想上判斷錯誤的影響。

倘若你是戊年生，命格是紫、武、廉、殺、破、狼的人，太陰化權和天機化忌就不會在『命、財、官』及『夫、遷、福』出現，『權忌相逢』的問題會比較小。因此人生格局的架構就比較高了。

太陰化權是對錢財、房地產、女性、感情、愛情、溫柔平和的事情有主導力量。貪狼化祿是對賺錢的機會，人緣桃花、異性愛情的機會的增加。以及對事情的快速發展有圓滑推動力量。右弼化科是平輩的、女性的朋友或形同姐妹的人，用很有氣質及貼心的、很

會做事的能力來幫助你，使你不會尷尬，得到幫助很快樂。天機化忌是古怪的聰明，智慧不高的聰明，會造成災禍的聰明和機運。在戊年生的人，一生中就會遇到這些問題在人生之中。但權祿科忌各有旺弱不同，也會帶給你不同的人生境遇。天機化忌居陷時，人生的機遇和因聰明才智不佳所造成的禍害就會深一些。

縱觀戊年生的人的人生架構，仍是以薪水族、公務員和在得財和儲蓄的機運上好很多。但要防意外的機運不佳，以及自作聰明致禍的玄機。

己年生：有貪狼化權、武曲化祿、天梁化科、文曲化忌

代表凡是己年生的人，在人生架構上，是以『殺、破、狼』格局為強勢的人。所以命格中若是七殺、破軍、貪狼坐命的人，甚至

科祿權

是紫微、武曲、廉貞坐命的人，都會在『命、財、官』、『夫、遷、福』，具有『權祿相逢』的盛況。如此一來，在整個人生格局上，力量會強，命局也會高出一般人很多。富貴也會大於一般人很多了。

貪狼化權是對好運機會的掌握，也是對人緣關係的掌握。有好運機會就有財。主貴、主富皆是好運機會。**武曲化祿**是錢財的快速流通，也是因政治因素而得財。也算是主貴和主富的雙重力量。**天梁化科**是主貴、主名聲大好的力量。也表示貴人會用很有氣質，很有做事方法的力量來幫助你。**文曲化忌**是口才或才華上有瑕疵，會造成災禍不吉。

文曲化忌亦是一種對於韻律感，包括音樂、舞蹈、美術、繪畫所有種類的表演藝術，及要運用感官韻律感的藝術，以及包括要面對於大眾的活動，你都會無法表現良好，得不到名次，也會技術拙劣，或臨時出狀況，無法完整演出，文曲化忌是出生時間的問題。倘若出現在『命、財、官』、『夫、遷、福』等宮位上，這個人一生便是對某些藝術才華方面的事物有興趣，但得不到好結果。這個所謂的好結果就是無法因從事此藝術活動而得大名聲。再多的努力也枉然。

我在前一本書『羊陀火鈴』一書中曾提到名畫家張大千先生是己年生的人，命宮是武曲化祿、貪狼化權、擎羊、鈴星、左輔、右弼等星坐命未宮。而他的文曲化忌恰好在兄弟宮，因此表示他的兄弟的才藝永遠不及他，名氣也不會有他大。所幸他的文曲化忌在閒宮，不是在『命、財、官』或『夫、遷、福』等重要的宮位，否則一生便永無出頭之日了。

庚年生：有武曲化權、太陽化祿、天同化科、太陰化忌

代表凡是庚年生的人，在人生架構上，會是強勢的，喜歡工作的，而工作又是以掌權和政治接近為主的。命格是紫微、武曲、廉貞這三顆星在『命、財、官』、『夫、遷、福』等三合宮位上的人，都會因掌權和接近政治核心而有大富貴。命格是『機、月、同、梁』和太陽、巨門的人，雖有太陽化祿，但會有太陰化忌在『命、財、官』及『夫、遷、福』等宮出現，因此不吉，祿逢沖破，只有平常薪水族或公務員的人生了，或是只能主貴、不主富了。在財富的累積上會比前者少很多。在人生的氣魄上也有顯著的不一樣。

武曲化權是對政治力、權力、武力、財富等強悍的掌握力量，是掌握富貴的決勝力量。因此武曲化權必須居廟、居旺，人生就會先贏了別人大半了，再加上努力，即使不貴也主富。武曲化權若居平，就是更加重了『因財被劫』的困境。因為武曲居平時，都是和七殺、破軍這兩顆星在一起的，都是『因財被劫』的格式，武曲居平再帶化權時，會加重武力和凶悍的性質，亦會爭財、奪財，但會因先天的頭腦不佳而無法掌握財的方向，根本是賺不到大錢的。若能安份守己的過薪水族的日子還好，也會有固定的財。若再想拚命掌握大權、賺大錢，必會有翻覆的一天。

太陽化祿是因事業、工作而得財。太陽是官星，也就是事業之星。太陽也是寬宏，博愛。若以這種寬宏、博愛之心來賺錢，自然是人生中普通的財，不會是大財。而且太陽化祿也代表是家財。倘若命格中有太陽化祿居廟、居旺的人，就表示有家財。太陽化祿居陷的，也有家財，但少了很多，也會漸漸消耗至無。

權祿科

天同化科是很有方法、很有氣質的享福。化科本來就不如『權、祿』強勢，再加上天同這顆溫和的星曜，因此常被人忽略掉，天同化科居廟、居旺時，較能平順、平安的偷懶享福和享受。天同化科居平、居陷時，是想享用浪漫、高雅的享福和享受，但仍忙碌的做不到，只是放在心中不時的懷念而已。

太陰化忌是內心感情上和感覺上的古怪，不順暢，也是愛情問題，更是對錢財上、計算上的問題，和儲蓄、儲存上的問題。也代表和女人之間的不和諧。同樣是太陰化忌居廟、居旺時，問題稍為不嚴重，居平、居陷時則很嚴重了。有太陰化忌，在『命、財、官』、『夫、遷、福』的人，多半是自己本身的思想上的問題和感覺上的問題，別人幫不了忙，也無法影響他。

辛年生：有太陽化權、巨門化祿、文曲化科、文昌化忌

代表凡是辛年生的人，在人生架構上，是以事業為重的人，會具有好的口才，好的才華。因此機、月、同、梁、日、巨等坐命的人有福了。但是辛年生的人，是以主貴為人生格局的，能有中等左右的財富就很不錯了。要成為大富翁，是要靠事業不斷的打拚，是並不容易的事。

倘若你是紫、武、廉及殺、破、狼命格在『命、財、官』的人，那你最重要的『權、祿』皆在閒宮，對你的用處就不算大了。只有在流運走到時，才對你有用。反而是『機、月、同、梁』命格的人和陽、巨等命格的人，『權、祿』直接在『命、財、官、夫、遷、福』最為有用了，可以直接以口才得財，掌握事業運了。

科祿權

太陽化權是對事業的掌握和對事業的熱衷。亦是對男性的說服力，以及高高在上的主貴、向上爬、及升遷的奮鬥力量。另一方面，它也是在家中的掌權力量，掌握祖產的力量，以及得到父輩、長輩、祖輩的管制及照顧的力量。當太陽化權居廟、居旺時，你在家中的地位就會高，也會受到祖父輩、父輩、長輩的照顧及管束較多，你得到的好處也最多。當太陽化權居陷時，祖輩及父輩對你表面上的管束不多、私下的限制多，但得到的好處較少。而且該管的，不管，不該管的，管一大堆。使你十分的有負擔。

巨門化祿是口才上的圓滑，用口舌是非來得祿。也可以用圓滑的、或甜言蜜語來化解是非災禍。

基本上太陽化權是正派的，剛直的，寬容、博愛，但具有權威的特質，而巨門化祿是有小人作風的特質。但太陽化權太剛直、陽剛，是硬梆梆的作風。而巨門化祿可調節、有轉圜的餘地。所以在命格中有太陽化權和巨門化祿同宮或相照時（不一定要在命、財、官上），你就會在某些特定的時間中，既具有陽剛正氣，強勢掌權的力量，又具有圓滑能化解是非、口才流利的特殊才能了。但唯一的條件是：你的太陽化權和巨門化祿必須是居廟、居旺的才會有此用處。倘若其中有一個是居陷的，就會有更多的是非產生，讓你忙不完了。

文曲化科是在才華，韻律感，包括音樂、舞蹈、美術、演藝等。一切的藝術才華上具有文質氣息和特殊敏銳力，能得到發揮的力量。文曲化科居廟、居旺時，這些才華能得到出名和發展的機會。文曲化科居陷時（在寅、午、戌宮），才藝不精，化科的力量也小。你可能對這些藝術方面的事物很喜歡，但要成名卻非常辛苦。

也可能根本達不到成名階段了。

文昌化忌是對文質的事物不精，或思想上有怪異想法，對利益的計算能力不佳。

在對文質的事物不精的方面，則要小心契約、文書處理上有瑕疵或開支票出錯，寫文章出錯等等。

在思想上有怪異想法方面，常會誤判情勢，或在人生中常換跑道，換工作、職業的種類。也會無法學以致用，常是在學校學的是工科、文科，出社會做的工作是從商工作，或原來是學機械的，卻從事寫作、或做出版或賣書的工作了。諸如此類。

對利益的計算不佳方面，是指有時候自以為很聰明，但會做一些對自己不利的事，或是重名不重利的事，事實上從旁觀者的角度來看，可能是名利皆無的事。例如文昌化忌在夫妻宮的人，他就很討厭別人算錢算得太精，肯定要找一個有點糊塗，不計較金錢和利益的人來做配偶了。又例如說，有一個人，有文昌化忌和紫府在官祿宮，原本事業運應該很好的，會賺大錢的，但常會事業有起伏，或因改行太多，而且不計較利益得失，而對事業運有損害了。

辛年生的人，就是這麼一種喜在事業上打拚，有能力運用口才來化解是非，亦可能在藝術方面有才華，但是在計算利益的結構上會出問題的人。

壬年生：有紫微化權、天梁化祿、左輔化科、武曲化忌

表示凡是壬年生的人，在人生架構上，會有金錢和政治性的困擾，但也會有撫平的能力和致祥和的能力，一生有多種人生包袱，但會有平輩貴人相助。因此，凡是壬年生的人，是機、月、同、

權祿科

梁、日、巨坐命的人，反而是較好的，因為『權忌相逢』會在閒宮，對人生的衝擊面較小的原故。

反而是殺、破、狼坐命和紫微、武曲、廉貞坐命的人，因為『權忌相逢』會出現在『命、財、官』和『夫、遷、福』等三合宮位中，影響人生較劇而有些痛苦了。這些命格的人，多半是主貴不主富的人，而且要安貧樂道，一生才會平順。

紫微化權是使一切強力平順、祥和，使一切要美麗、精緻、高貴，受人尊敬，爬到最高點的力量。也是愛掌最高的權力，對人管制，壓制的力量。更是一種唯我獨尊的力量，不聽別人意見，不喜被人管，只會管別人。

天梁化祿是圓滑的照顧，有一點錢財的照顧，但是小錢上的照顧。這也是一種『不得不』的照顧。天梁化祿是一種包袱，因背負起包袱，所以不得不照顧。天梁化祿居廟、居旺時，這種『不得不』的照顧，仍然會照顧得很好的。

當天梁化祿居陷時（在巳、亥宮），這種『不得不』的照顧是非常差的，有氣憤和拖累、怨恨在其中，態度也會惡劣，思想上也會呆滯、笨拙，只能看人臉色過日子。

天梁化祿也是桃花問題。有天梁化祿在『命、財、官』及『夫、遷、福』的人，容易有婚外情和多種感情。其中最容易形成的，就是因憐生愛，及愛管（管閒事）、愛照顧，或一廂情願式的感情模式。當然更容易的就是把對方拉過來成為自己的包袱來照顧的愛情模式了。

天梁化祿通常都是小愛和私愛，因為天梁有自私和管制、霸道的傾向。所以只有男女之愛，無法博愛。除非是品德高超、潔白的人，又有天空、地劫和天梁化祿同宮，再加上太陽居旺的博愛，就會有大愛為人，捨己奉獻人類之心了。

武曲化忌是權力和金錢上有古怪、多是非及不順和災禍。有武曲化忌在『命、財、官』及『夫、遷、福』的人，在金錢上無法掌握權力，也無法用權力（政治模式）來獲得金錢，否則必有災禍。

雖然如此，但壬年生的，命宮是紫微、武曲、廉貞、或殺、破、狼的人，並不以為然，也不信邪，他們仍然是用這種權力和金錢掛勾的結構想來掌財權，但總是起起伏伏，財來財去，聚不了財。因此在人生結構上，想要富貴雙贏，總是全軍覆沒的。實際上，壬年生的人，應以主貴為第一要件，有了『貴』，『富』也不難了。但沒有『貴』，『富』是永遠得不到的。因此無法走『陽梁昌祿』格的路子的人（包括沒有此格局，或有此格局而走入歧途的人），就一生只是

個普通小市民，很難有大發展了。壬年生的人，是不會有因富致貴的人的。例如前總統李登輝是壬年生的人，命宮是天梁化祿坐命午宮，有『陽梁昌祿』格，做政府公職多年，登上總統之位，主貴後才有富貴。

癸年生：有巨門化權、破軍化祿，太陰化科，貪狼化忌

表示凡是癸年生的人，會有煽動人心的口才能力，想花錢就能找到錢來花，在感情表達上很溫情主義，並具有羅曼蒂克的情調，但在人生的機運上會有古怪、不順的境遇，也會在人緣關係上保守得多。因此，這會形成一種人生架構是：命格是機、月、同、梁、巨、日坐命的人比較好。此命格的人，又再過『機月同梁』格、薪水族、公務員型的生活，會一生平順享福。而命格是紫微、武曲、

科祿權

廉貞、七殺、破軍、貪狼坐命的人，會因『祿忌相逢』在『夫、遷、福』和『命、財、官』三合宮位之中，而『祿逢沖破』，存不住錢和得財少，人生的格局會較小，亦會富貴不太大。

巨門化權是對口才、講話時機的掌握能力，也是對是非及災禍的掌握能力。亦表示能藉由是非問題和災禍問題來達到掌握權力的目的。所以有巨門化權在命格中的人，是絕不怕環境太亂的，愈亂愈有出頭天。同時也是亂世出英雄的人才。但先決條件，巨門化權必須在廟位和旺位，才能掌握亂世爭雄的機運。倘若你的巨門化權是居陷位的，那只有愈亂愈糊塗，是窮攪合的局面了。因為居陷的化權。力量不強，它只有加強巨門的是非災禍的嚴重性，卻無法真正掌握到權力。它也可能只是暫時掌握權力，但很快就會敗亡了。

破軍化祿是用圓滑的方法達到破耗的目的。很多人對於『破軍化祿到底有沒有財？』很有爭議。破軍化祿當然有財！是想要破耗花錢，就能想盡辦法找到錢來花的財。有這樣的命格，也算是好命了。但是後面要還債的部份，沒有提到，痛苦的事還在後面，但破軍化祿是完全不管這些的。

破軍化祿還代表圓滑，迂迴的改革和漸次的除舊佈新。破軍本來是凶悍、殺氣很重的星，但帶有化祿以後，便是笑面虎式的，笑裡藏刀式的改革和殺伐了。所有的移除和遷動會漸次完成，傷害便沒有破軍化權的嚴重了。

破軍化祿還是一種爛桃花。這是一種不挑剔、隨性、隨便、隨時佔些小便宜，以及不顧倫理道德，不顧廉恥的爛桃花。癸年生的人，又有破軍化祿在『命、財、官』、『夫、遷、福』的人，自然要看是否命理格局是清白端正，才能提到這一點的。

破軍化祿亦代表是表面上有打拚奮鬥意味，但實際上並不積極，有做表面文章的意思。當破軍化祿居旺、居廟時，這種表面文章做得還讓別人沒話說，馬馬虎虎可矇混過關。當破軍化祿居平、居陷時，例如是武破或廉破同宮的破軍化祿，就根本是打拚不積極，只想坐享其成，只拚命在找錢花，為了破耗在找錢的模式行為了。這樣的破軍化祿，不僅讓他自己本人很辛苦，也讓別人很辛苦了。而且此人也會死皮賴臉，做些坑矇拐騙的事了。

太陰化科是心態、感情上很優雅，很有方法來調適。會用溫柔、美麗的方式來做事。很能使人內心產生感動弦律的做人、處事的態度。太陰化科是一種使人在感情上的震動，但又十分貼心舒適，是一種令人愉快的經驗，也特別會製造羅曼蒂克的氣氛。太陰化科同時也是在存錢、儲蓄及處理、計算財物很有整理、計畫的方法。尤其是在房地產的處理上更有一手，所以財富是可以累積的。但是這必須是太陰化科居廟或居旺才行。太陰化科居平或居陷時，在感情上較淡薄，處理方法有一點，但不實際。在處理財物、產物上也會做一點，但做得並不太好。也是無法實際展開太陰化科的功能的。

貪狼化忌是機會和機運呈古怪、不順的現象。自然也會有是非災禍發生。貪狼是桃花星，因此在人緣關係上產生狹隘現象，會做人保守，不喜和人交往、交際應酬少。因為人緣和機會是相互依存的關係，因此人緣不開，機會、機緣就少了。機緣少，財也會少，故難以大富。

貪狼化忌還是一種桃花的是非糾紛。倘若貪狼化忌和其它的桃花星如天姚、沐浴、紅鸞、咸池同宮時，就會產生桃花糾紛。

權祿科

貪狼化忌也是一種活動力和打拚能力的受阻或不積極。貪狼本身是一顆活動力很快速、頻繁，根本靜不下來的星，但帶有化忌之後，它的速度就被拖慢了，因此失去了它原來的活動力。因此有貪狼化忌在『命、財、官』、『夫、遷、福』的人，就會因活動力的減弱，不想動，或不想外出。並且在打拚和奮鬥力上沒有那麼積極了。

另外**貪狼本是一顆極貪心的星**，凡是命格中有貪狼的人，也凡事好貪，一是貪權力，二是貪財富。三是貪桃花，因此『貪心』是此命格的人的生命的原動力。但是有貪狼化忌之後，此人會貪錯東西。會貪不該貪心的東西。例如他很可能會貪色失志，影響到事業。或是眼光不準，貪一些自以為是名利的東西，最後一事無成。或者是貪享受、貪小利而貪小失大。更或是根本不貪了，失去了人生的原動力，保守、畏縮的過一生。

總而言之，十種『權祿科忌』，就是十種因年份的不同，所造成的人生格局的層次。它彷佛孫悟空頭上的緊箍咒，它會限制你某些方面的才能，又會控制及導引你人生的方向及思想模式，使你在富貴、名利的花花世界中得到了某些東西，又會在另一些終身想盼的企望中擁有遺憾和嘆息。

命盤格式會影響『權、祿、科、忌』的層次

這裡所說的『命盤格式』，實際上就是在你命盤中紫微星的落點。也可稱為『紫微星所坐落的宮位』。例如『紫微在子』命盤格式，就是指紫微星坐於子宮的命盤格式。而『紫微在丑』命盤格

式，就是指紫微星坐於丑宮的命盤格式……以此類推。

命盤格式共有十二個不同的命盤格式。分別就是紫微星在子、丑、寅、卯、辰、巳、午、未、申、酉、戌、亥等十二個宮位坐落時所形成之命盤格式。其實嚴格的說起來，其中六個命盤格式是另外六個命盤格式反向對照，極為相似的命盤格式。雖說極為相似，但意義卻絕不一樣。不同的命盤格式也造就了不同的人生格局。

有些人會執疑：全天下人口這麼多，難道就用十二個命盤格式總括起來了嗎？

請各位不要忘了，命理學是一門歸納法，就像西洋星座算命一樣，也是把人類分類為十二個星座的人，這個意思是相同的。而且紫微斗數和西洋星座有許多共通點，例如：因為南、北半球的春分和秋分是顛倒的，是故紫微斗數是北半球所能運用的命理學，而西

洋十二星座中許多星座也是南半球無法見到的，故也是北半球才能運用的命理學。

現在再來談，**不同的命盤格式造就不同的人生格局和命運的問題**。

紫微星是決定『命盤格式』的形式最主要的關鍵要素。賦云：『帝星動，則列宿奔馳。』就是指紫微星坐落於那一個宮位，例如坐落於子、丑、寅、卯……等宮位時，命盤中所組合之星曜位置便全都不相同了。也就是說：紫微星坐落於每一宮位，因位置不同，命盤格式之組成也就不一樣了，因而形成十二個命運程式不相同的命盤格式。

在排命盤之初，首先要定命宮之天干，接著用命宮干支之納音、五行求出五行局，再起紫微星。所以紫微星定在那一宮和命宮所在與出生年份有關係。紫微星定在那一宮也是一種約制（約束和制度），也是一種人生的層次展現。因此也可以說：不同的命盤格式，就是對不同的人生格局之層次的展現。

『權祿科忌』也是用出生年份來定的一種人生格局之層次的表現。它和命盤格式二者交相應用，因此更交織出千千萬萬個不同的人生格局之境界出來了。

命盤格式如何在影響『權祿科忌』的層次

命盤格式到底是如何在影響權祿科忌之層次的呢？

命盤格式的不同會決定有那些星曜的旺度居廟、居旺或是居平、居陷。當出生年份的『權祿科忌』逢上居廟、居旺的星則較有利，即使是忌星，也為害稍淺。倘若『權祿科忌』逢上居平、居陷的星，則化權沒有力量，化祿也財少無用、化科無力、化忌為害更深。

『權祿科忌』是對人生中，不同的能力和不同的命運的加強與制衡。化權是增加控制力、權力，和得到、獲得，及佔有的力量，也是加重的力量。化祿是增加財祿，或使一切圓滑、順利、相處和諧的力量，同時也是一種愛的力量，更是一種相混合、流通，使平滑細緻的力量。化科是增加高尚氣質、具有文質方面處理事物的能力，使一切圓融、美麗、美滿、和順、享福、優雅、閒適的力量，也是一種裝飾、偽裝，使看起來表面還不錯的力量。化忌是和前三者權祿科相背而行，倒行逆施，增加不吉和災禍的一種力量。它會增加嫉妒心、增加古怪、奇異，和一般常人不同的思想、善變多疑、自以為聰明、內心彆扭、最後害到自己，最不順的還是自已。

例如在『紫微在子』命盤格式中：

居廟的星有七殺、天府、天相。居旺的星有貪狼星，居得地的星有武曲、天梁、破軍。居平的星有紫微、天機、廉貞、太陽。居陷的星有天同、巨門、太陰。倘若是甲、丙、戊、庚、壬年生的人，擎羊也是陷落的。倘若是乙、丁、己、辛、癸年生的人，陀羅是陷落的。

在『紫微在子』命盤格式中，若是甲年生的人，就有破軍居得地化權、廉貞居平化祿、武曲居得地化科、太陽居平化忌、權、

1.紫微在子

巳	午	未	申
太陰㊣陷	貪狼 旺	巨門 陷、天同 陷	天相 廟、武曲 得
辰：天府 廟、廉貞 平			酉：天梁 得、太陽 平
卯			戌：七殺 廟
寅：破軍 得	丑	子：紫微 平	亥：天機 平

祿、科的旺度都不強，太陽化忌反而更增惡。

若是乙年生的人，就有天梁居得地化權、天機居平化祿、紫微居平化科、太陰居陷化忌。權、祿、科因旺度和意義較弱，用處不大，太陰居陷化忌更增加財運及人緣上的不順。

若是丙年生的人，就具有天機居平化權、天同居陷化祿、文昌化科、廉貞居平化忌。此種權、祿也是無用之權、祿，對人生沒幫助，只有負面影響，再加上廉貞居平化忌，多血光之災和政治、官非和智慧上之災禍、困難更嚴重。

若是丁年生的人，就具有天同居陷化權、太陰居陷化祿、天機居平化科、巨門居陷化忌。丁年生，又是『紫微在子』命盤格式的人，則權祿科忌全居平陷之位，是為禍最深的，也對其人生格局的層次有下拉的影響，使其人生格局層次更低，也較難有出頭之日。

若是戊年生的人，就具有太陰居陷化權、貪狼居旺化祿、右弼化科、天機居平化忌。表示此年生人，至少還有一點機會、機緣去得財，但有的只是機會，是不是真能得到財是不一定的。但權、忌並不強，因此沒有主控力，尤其是對財和儲存上是較弱的，而且有隨時出現變化，也會愈變愈有是非災禍的。更會因小聰明而遭災的。

若是己年生的人，就具有貪狼居旺化權、武曲居得地化祿、天梁居得地化科、文曲化忌。己年出生的人較好命，化權是居旺的，祿、科也在得地合格六十分以上的位置，故得掌握運氣和財運，也會稍得貴人有效的幫助。但在才華及韻律感上有瑕疵。只要不從事文藝方面的工作，就問題不大了。

科祿權

若是庚年生的人，就有武曲居得地化權、太陽居平化祿、天同居陷化科、太陰居陷化忌。此年生的人，化權還算稱強勢，能掌握錢和政治，但化祿很弱，且太陽化祿，財的成份少，以公務員的薪水財為主。化科無力，化忌為禍最烈，儲存能力不佳，以及愛情力量受阻和有災禍，會有感情問題。

若是辛年生的人，就有太陽居平化權、巨門居陷化祿、文曲化科、文昌化忌。此命盤格式及此年生的人，權、祿、科能為人生加分的力量全不強，再加上文昌化忌所帶來頭腦不清、人生格局的層次相形之下會變得更低。

若是壬年生的人，就有紫微居平化權、天梁居得地化祿、左輔化科、武曲居得地化忌。此年生的人，權、祿也不算強，但化忌尚在合格之位，因此可過一般普通小市民的生活，但命盤中星曜居平

▼ 權祿科

陷的太多、一生無好運。

若是癸年生的人，就具有巨門居陷化權、破軍居得地化祿、太陰居陷化科、貪狼居旺化忌。此年生的人，『權祿科』全在弱勢，忌星雖稍旺，但限制了好運星的發展，故一生無好運。『權祿科』也只是使是非、破耗更加深而已。

因此縱觀這些命格，在『紫微在子』命盤格式中，要以己年生的人較好命一些，庚年生人是較其次。

在『紫微在丑』命盤格式中：

以丙年有天機居廟化權、天同居旺化祿、文昌化科、廉貞居陷化忌，為較好的『權祿科忌』。其次是癸年生

2.紫微在丑

巳	午	未	申
廉貞(陷) 貪狼(陷) 巳	巨門(旺) 午	天相(得) 未	天同(旺) 天梁(陷) 申
太陰(陷) 辰			武曲(平) 七殺(旺) 酉
天府(得) 卯			太陽(陷) 戌
寅	紫微(廟) 破軍(旺) 丑	天機(廟) 子	亥

的人，有巨門居廟化權、破軍居得地化祿、太陰居陷化科、貪狼居旺化忌。

在『紫微在寅』命盤格式中：

以己年生有貪狼居廟化權、武曲居廟化祿、天梁居旺化科、文曲化忌為最佳命運組合。其次是庚年生人，有武曲居廟化權、太陽居陷化祿、天同居平化科、太陰居陷化忌。

3.紫微在寅

巨門(旺) 巳	廉貞(平) 天相(廟) 午	天梁(旺) 未	七殺(廟) 申
貪狼(廟) 辰			天同(平) 酉
太陰(陷) 卯			武曲(廟) 戌
紫微(旺) 天府(廟) 寅	天機(陷) 丑	破軍(廟) 子	太陽(陷) 亥

▽ 權祿科

在『紫微在卯』命盤格式中：

以丁年生，有天同居平化權、太陰居旺化祿、天機居得地化科、巨門居陷化忌為較佳。其次是己年生的人，有貪狼居平化權（紫貪同宮）、武曲居平化祿（武破同宮）、天梁居廟化科、文曲化忌。

4.紫微在卯

天相(得) 巳	天梁(廟) 午	廉貞(平) 七殺(廟) 未	申
巨門(陷) 辰			酉
紫微(旺) 貪狼(平) 卯			天同(平) 戌
天機(得) 太陰(旺) 寅	天府(廟) 丑	太陽(陷) 子	武曲(平) 破軍(平) 亥

科祿權

在『紫微在辰』命盤格式中：

以己年生，有貪狼居平化權、武曲居旺化祿（武府同宮）、天梁居陷化科、文曲化忌為最佳。其次是丙年生人，有天機居旺化權（機巨同宮）、天同居廟化祿、文昌化科、廉貞居廟化忌。

在『紫微在巳』命盤格式中：

以己年生，有貪狼居廟化權、武曲居廟化祿、天梁居廟化科、文曲化忌為最佳。其次是庚年生、有武曲居

5.紫微在辰

巳	午	未	申
天梁(陷)	七殺(旺)		廉貞(廟)
辰: 紫微(得) 天相(得)			酉:
卯: 天機(旺) 巨門(廟)			戌: 破軍(旺)
寅: 貪狼(平)	丑: 太陽(廟) 太陰(廟)	子: 武曲(旺) 天府(廟)	亥: 天同(廟)

6.紫微在己

巳	午	未	申
紫微(旺) 七殺(平)			
辰: 天機(平) 天梁(廟)			酉: 廉貞(平) 破軍(陷)
卯: 天相(陷)			戌:
寅: 太陽(旺) 巨門(廟)	丑: 武曲(廟) 貪狼(廟)	子: 天同(旺) 太陰(廟)	亥: 天府(得)

廟化權、太陽居廟化祿、天同居旺化科、太陰居廟化忌。

在『紫微在午』命盤格式中：

以己年生，有貪狼居旺化權、武曲居得地化祿、天梁居廟化科、文曲化忌為最優。其次是庚年生，有武曲居得地化權、太陽居廟化祿、天同居陷化科、太陰居廟化忌（在亥宮，化忌不忌）。再其次是戊年生人，有太陰居廟化權、貪狼居旺化祿、右弼化科、天機居平化忌。因權忌相照，會更加深化忌的禍害，故列為第三。但太陰化權仍是強而有力的化權。

7.紫微在午

天機(平) 巳	紫微(廟) 午	未	破軍(得) 申
七殺(廟) 辰			酉
太陽(廟) 天梁(廟) 卯			廉貞(平) 天府(廟) 戌
武曲(得) 天相(廟) 寅	天同(陷) 巨門(陷) 丑	貪狼(旺) 子	太陰(廟) 亥

在『紫微在未』命盤格式中：

以乙年生，有天梁居廟化權、天機居廟化祿、紫微居廟化科、太陰居旺化忌為最佳。其次是丙年生、有天機居廟化權、天同居平化祿、文昌化科、廉貞居陷化忌。

在『紫微在申』命盤格式中：

以己年生，有貪狼居廟化權、武曲居廟化祿、天梁居旺化科、文曲化忌為最佳。其次是庚年生，有武曲居廟化權、太陽居旺化祿、天同居平化

8.紫微在未

巳	天機(廟) 午	紫微(廟) 破軍(旺) 未	申
太陽(旺) 辰			天府(旺) 酉
武曲(平) 七殺(旺) 卯			太陰(旺) 戌
天同(平) 天梁(廟) 寅	天相(廟) 丑	巨門(旺) 子	廉貞(陷) 貪狼(陷) 亥

9.紫微在申

太陽(旺) 巳	破軍(廟) 午	天機(陷) 未	紫微(旺) 天府(得) 申
武曲(廟) 辰			太陰(旺) 酉
天同(平) 卯			貪狼(廟) 戌
七殺(廟) 寅	天梁(旺) 丑	廉貞(平) 天相(廟) 子	巨門(旺) 亥

科祿權

科、太陰居旺化忌為其次。第三是戊年生，有太陰居旺化權、貪狼居廟化祿、右弼化科、天機居陷化忌。

在『紫微在酉』命盤格式中：

以辛年生，有太陽居旺化權、巨門居陷化祿、文曲化科、文昌化忌為較佳。其次是己年生人，有貪狼居平化權（紫貪同宮），武曲居平化祿（武破同宮）、天梁居廟化科、文曲化忌。

庚年生人也次佳，有武曲居平化權（武破同宮），太陽居旺化祿、天同居平化科、太陰居平化忌（機陰同宮）。

10.紫微在酉

武曲(平) 破軍(平) 巳	太陽(旺) 午	天府(廟) 未	天機(得) 太陰(平) 申
天同(平) 辰			紫微(旺) 貪狼(平) 酉
卯			巨門(陷) 戌
寅	廉貞(平) 七殺(廟) 丑	天梁(廟) 子	天相(得) 亥

在『紫微在戌』命盤格式中：

以己年生，有貪狼居平化權、武曲居旺化祿（武府同宮）天梁居陷化科、文曲化忌為最佳。其次是丙年生，有天機居旺化權、天同居廟化祿、文昌化科、廉貞居廟化忌為較好。其他年份生者，多因主星陷落或『權忌』、『祿忌』相逢而有刑耗傷剋。

11.紫微在戌

天同(廟) 巳	武曲(旺) 天府(旺) 午	太陽(得) 太陰(陷) 未	貪狼(平) 申
破軍(旺) 辰			天機(旺) 巨門(廟) 酉
卯			紫微(得) 天相(得) 戌
廉貞(廟) 寅	丑	七殺(旺) 子	天梁(陷) 亥

在『紫微在亥』命盤格式中：

以己年生有貪狼居廟化權、武曲居廟化祿（武貪同宮）、天梁居廟化科、文曲化忌為最佳。其次是庚年生，有武曲居廟化權、太陽居得地化祿、天同居陷化科、太陰居平化忌為較好。

12.紫微在亥

天府(得) 巳	天同(陷) 太陰(平) 午	武曲(廟) 貪狼(廟) 未	太陽(得) 巨門(廟) 申
辰			天相(陷) 酉
廉貞(平) 破軍(陷) 卯			天機(平) 天梁(廟) 戌
寅	丑	子	紫微(旺) 七殺(平) 亥

所以『權、祿、科、忌』的強弱與對人生格局的好壞和對人命運的幫助、造禍，皆和命盤格式有密切的關係。這主要是因為命盤格式是影響星曜變化組合的關鍵。同時也是影響星曜位置旺弱的關鍵。而權、祿、科大致是在各層面，各種類別功能上來加重、加強星曜的吉順度。而化忌星大致則是在各層面、各種功能上加強其不

順的變化。為什麼只是說『大致』呢？這是有原因的。因為主星陷落帶化權或化祿、化科時，其時有些時候反而有負面的影響，其中以主星陷落帶化權時最明顯和嚴重的。

而主星居廟或居旺帶化忌時，會有問題產生，但有時也並不為禍最烈，有時反而是好現象，對人有利的。這就要以舉例來證明了。例如天機陷落帶化權時，是聰明才智不好，又愛多管，管也管不好，同時也是運氣不佳，又愛找事、硬要加入，結果運氣更差。天梁陷落帶化權時，是愛照顧別人，愛管人的力量薄弱，但卻固執的、強行要管，也是管也管不好的狀況。

例如：有貪狼居旺化忌在子宮時，其人會保守、不愛與人多來往。貪狼本也是桃花星。貪狼化忌本也有桃花麻煩，但對宮有紫微這顆高高在上的正派的星曜，在子宮時又有祿存同宮，為羊、陀相

▼權祿科

夾，其人會較正派、桃花就更少了。

又例如：前大陸統治者毛澤東的命盤上、命宮是貪狼化忌、文曲坐於申宮，貪狼化忌本應保守，但有像文曲及其他多顆桃花星，並且貪狼化忌加文曲是雙重的頭腦不清，政事顛倒，而喜好男女關係，多妻妾了。但有化忌在命、遷、財、官、夫、福等宮的人，也都是頭腦不清楚的人。常會在很多相應的事物上展現頭腦不清楚的現象。

第二章　化權星的吉凶善惡

化權星，聽名字便知道是主權力了。化權星，五行屬甲木，在數為掌生殺之宿。

化權星的旺弱，是跟隨其主星的旺弱而定的。主星居廟、居旺時，化權星的力量就大。會有強勢的主導力量，愛管事、霸道、氣派，但會受人尊敬，別人自然而然的把主導權、控制權交給他，沒有異議。甘心被他管，或把利益給他賺。當主星居平、居陷時，化權星的力量弱，會流於強制愛管，而管不著。霸道而不講理，別人不聽他的，嫌他礙事。而且其人亦會流於固執、死腦筋、自以為是，而不肯變通，就產生對自己極為不利的處境了。

第一節　化權星的優質意義

化權星吉的方面

化權星吉的方面，就是有主掌能力，對人、事、物有主導權、控制權，喜歡管理事物，肯負責任，為人有決斷力，做事不會拖拖拉拉，多智謀、有競爭力，態度強硬，主觀意識超強，也會有打拚精神、奮發力、力爭上游。化權星在主星居廟居旺時，大致上都是正面的優點，**唯一不好的**，是太固執、強悍，強力要做、要做主，要爭戰奪取，讓別人有怨言也不敢聲張並且也主勞碌、多操心。

在主星居陷帶化權，則吉少、凶多了，尤其是主星為溫和的

星，如天梁、天同、太陰、天機時，則只有固執更甚，頑固不化，不聽別人的意見，錯了也不肯改善，主觀意識特強，但打拚能力不一定會強。或是抓不準時機來打拚，運氣不好或窮的時候才打拚，運氣好時愛享福不打拚奮鬥，以至於成果事倍功半，沒有結果。

主星居廟、居旺帶化權的時候，則會抓準時機打拚，事半功倍。

居旺、居廟的化權星也代表升官、發財的時機

在命盤上有居旺、居廟的化權星所在的宮位，也代表會升官、進大財的好時機。會升官的化權是『太陽居廟、居旺化權』，『天梁居廟、居旺化權』，『貪狼居廟、居旺帶化權』，『天機居廟、居旺帶化權』，『紫微居廟、居旺帶化權』，『天同居廟、居旺帶化權』，『武

曲居廟、居旺帶化權』等七種。在命盤中有居廟、居旺帶化權所在的宮位，代表財運大好的時機的有：『太陰居廟、居旺帶化權』，『貪狼居廟，居旺帶化權』，『武曲居廟帶化權』，『紫微居廟帶化權』。這其中『貪狼居廟帶化權和武曲居廟帶化權』，就是加強的、超級強勢的『武貪格』暴發運格、偏財運格。錢財會呈級數三級跳一般往上翻升，更會有爆發大財運，成為富翁的機會。

而太陰居廟、居旺帶化權，是在薪水上、銀行存款上以及房地產方面的進財。

而紫微居廟帶化權是錢財極為順利稍富裕而已。紫微居平帶化權，只是力求錢財順利而已。

居廟、居旺的化權星代表強勢掌控利益的時機

在命盤上有居廟、居旺的化權星，代表一個有利的時機。在這個時機中，你會掌握主導權，可主導事物的發展。也可有說服能力，可說服別人照你的意思來做。通常這種時間點上，你都具有特別的聰明才智，既可揣摩對方的心態，又會看準好時機下手，一舉成擒，把對方的心意擄獲。因此對方不太會反抗，有時也許是心悅誠服的順你的意。有時縱然有一些微的意見，也會馬馬虎虎不想計較而順從你了。因此化權星代表強勢掌控利益的時機。

化權星是增加及加強星曜旺度的層次及強制力量

化權星是更為加強了星曜旺度的層次。例如是紫微，這是平順、祥和、氣派、優質、精緻的一種力量。當壬年生的人有紫微化

權時，命格中一定有武曲化忌、這是錢財的不順。而紫微化權就是來平復武曲化忌所帶來的困擾的。紫微化權更是會藉一切的力量來使其人生活祥和、平順，且維持在一種高優質的物質生活中。所以你可以看到許多壬年生的人，花錢十分捨得，大手大腳，容易東拉西湊也要花出去。多半都有財務吃緊的問題了。但是他們仍可活得好好的，財務問題只是一波一波的問題罷了。

紫微只有兩種化星，一、是壬年生的紫微化權，一、是乙年生的紫微化科。他們旺度的層次原則上是這樣的：

紫微居廟化權→紫微居旺化權→紫微居廟化科→紫微居廟→

紫微居平化權→紫微居平化科→紫微居平。

因此，星曜只要帶有權、祿、科，就會比星曜的原始風貌，強有力。同時它也增強了星曜原始的力量。例如紫微居平時是普通的

平順，若紫微居平化權，就一定會達到比普通的平順層次更高一些的層次。紫微居廟是特級平順財運好的，有紫微居廟帶化權，就是一定能達到非常富裕、平順的境界。因此化權也就有了強制的力量。而且還一定會把以前的帳務都清理清楚，還多了一些財富。

第二節　十種化權星各有其不同意義

人依不同的出生年干，各自分配了不同的化星在命盤之中。例如說：甲年生的人，就一定是『破軍化權、廉貞化祿、武曲化科、太陽化忌』會出現在命盤之中。『權、祿、科、忌』在命盤中綜合的，大方向的說法，在前面已談過。

十種化權星分別帶有不同之意義

甲年生，破軍化權：代表有打拚能力，強力要做，要改革。不顧一切的要打拚、改革，因此也有不顧一切要破耗的意思。它是會花掉一切的力量或犧牲一切在所不惜，沒有經過詳細計算，又頑固的自以為是的要做。好的方面是很積極，一定會做，不怕艱辛萬苦，也不怕髒亂、爭鬥與複雜，會勇往直前。但壞的一面是消耗太大，不一定有成果。是弊多於利的、划不來的。也會因為太頑固、強力要破耗，而遭人矇騙、有重大損失。有一位朋友，每回走破軍化權運時，便喜歡做生意，和人合夥，最後都損失慘重，需要好幾年才恢復。因此破軍化權對花錢的事是不利的，出些血汗、勞力倒無傷大雅。

乙年生，天梁化權：天梁是蔭星，就是會照顧人。也就是說是

科祿權

別人的貴人，倒不是自己有貴人。有天梁化權的人，就是強力愛管別人。自以為是照顧別人，但別人並不一定領情。天梁居廟、居旺帶化權，化權的力量也特強。如果在命宮，其人外表莊重、氣派、體面、嚴肅。天梁本身也是桃花星，但帶化權之後，有強勢、愛主掌一切、高高在上，君臨一切的感覺。不夠格的人，便無法靠近，因此有天梁化權坐命的人，感情也多不順。

倘若天梁在巳、亥宮陷落帶化權的人，因為天梁陷落的關係，化權力量也弱。此天梁化權在命、遷二宮出現，都是想管，又管不到。想發奮又使不上力。因為對宮是天同福星。而財、福二宮會是『太陽陷落、太陰化忌』，頭腦根本不清楚，一生也難有成就。（有的書上說：天同坐命巳、亥宮，對宮有天梁化權相激勵，其人就會發奮圖強，有成就，這一點就是錯的。）

天梁陷落帶化權，只有頑固、退讓，只想管人而不想照顧別人。天梁是蔭福別人的星曜，倘若居陷而無能力蔭福別人時，就是無用的。縱使帶化權，也只是自以為是，內心是非糾纏多，別人也幫不了他的忙。有時候，有天梁化權居陷的人也想幫忙人家，也會遇到幫忙幫成功，但對方佔到便宜還不領情。

丙年生，天機化權：天機是運星，是極易變化之星。也是機變之星，主聰明。倘若有天機居廟、居旺帶化權在命盤中的人，就會十分聰明、善機變。而且在其人一生的運氣中，常敗部復活，或柳暗花明又一村。例如高雄市長謝長廷就是最好的例子，每次在選舉中，眼看情況不妙，但最後會以些微差距而勝利。雖然它是巨門坐命子宮的人，但遷移宮有天機居廟化權、擎羊，環境中鬥爭很多，但它可掌握機變、機巧，能使在運氣變化有主控權，在言詞上也多伶俐巧辯，所以他最後多半能在不利的環境中脫身。

天機居平、居陷帶化權時，化權也是居平、居陷的，因此不強了。但是有此天機化權在命盤中的人，還是會不明事理，糊裡糊塗的來運用機變和機巧的主控權。自然常無法掌握，而且會變壞更快速。這就是化權有加重及加速的作用了。而且會愈變愈壞。

天機居平帶化權或天機居陷帶化權，有自作聰明，無法認清狀況、一廂情願、死性不改，至死不悔悟的特性。所以落入谷底的速度，是重力加速度，太快了，摔得也重。同時也是自做聰明的愛管，但又管不好，使人更反彈。

丁年生，天同化權：天同是福星，是沉穩、享福、聰敏，不必做什麼，便自然擁有好處的力量。天同帶化權之後，便更加強了享福的力量，大家自然而然的都把好處加在這個人的身上，毫無異

權祿科

議，也沒人反抗，都認為一致的尊敬他，臣服他。因此天同化權是自然而然而得天下的人。命宮中有天同化權的人，大家都喜歡幫助他，讓他順利。他自己也會發奮上進，比一般命宮中有天同的人，懶惰的特性好了很多。在古時，有天同化權的人，是黃袍加身，自然而然得天下的人。

但天同化權也要分旺弱。天同居廟、居旺帶化權的人，享的福較多，對一切的好運、享福不辛勞的運氣有主控權。別人會幫助他做的好好的。在升官的運途上，也比別人走的順。丁年生有天同化權、太陰化祿在子宮坐命的人，只要『命、財、官』三方沒有劫、空出現，一生的成就就會大，而且生活穩定。但仍不適合做生意，應以公職為最佳途徑。

天同居平帶化權（在寅、卯、辰、酉、戌宮），或天同居陷帶化

權（在丑、午、未宮），都是不吉的。天同居平帶化權時，化權也居平，力量薄弱，是愛投機取巧，又享不到福的狀況。倘若天同居平帶化權，對宮又有巨門化忌相照，是非更多、傷剋不斷。丁年生的人，在丑、未宮居陷的天同化權和居陷的巨門化忌同宮，又會有擎羊出現在未宮，同宮或相照，身體會有傷殘現象，更不吉了，一生無好運。

總而言之，天同居廟、居旺帶化權，是聰明的、知進退的、世故的，可享到福的，時時可掌握享福的時間，主控好運落在自己身上的。而天同居平、居陷帶化權，是溫和、懦弱的過日子，也是看人臉色的過日子，其人能力差、想享福，也只能仰人鼻息的，享受一些別人剩下來的福氣。

戊年生，太陰化權：太陰代表女人，因此有太陰化權，便是對

女性有主控力，對女性有領導能力，對女性有說服力。太陰又代表陰財，如儲蓄的錢財、薪水、房地產的財等等。有**太陰居廟、居旺帶化權在命宮的人**，就會薪水高、愛儲蓄、喜買房地產，具有陰財。其實具有太陰化權在『命、財、官』、『夫、遷、福』等三合宮位的人，也都是如此。但太陰居廟、居旺的人比較留得住、存得久。而太陰居平、居陷帶化權的人，比較存不住。薪資少，工作又起伏不定。同時在對女性的影響力方面也是不強的，甚至於愛多管，而且專管女生，會引起女性的反感，人緣不好。

太陰也代表愛情和敏感力。有太陰居廟、居旺帶化權時，其人能主掌愛情的對象和情事的發展，愛情容易成功。而且在敏感力上特強，也容易有第六感，或喜歡用感覺來做事，而事事順利。

當太陰居平、居陷帶化權時，是敏感力不佳，付出的感情少，又強自愛做主，自以為是的狀況。常常弄不懂自己是不是真愛，有時誤以為是愛情，但過了一段時間，便覺得乏味。這種狀況完全不像命盤中有『太陰居廟、居旺帶化權』的人，會愛情愈談愈有趣，也愈談愈美麗，有好的結果的。

太陰也是財星，具有太陰居廟、居旺帶化權的人，便能主掌財權。有此太陰化權在『命、財、官』三方的人，可做金融業、會計、出納、稅務人員，和錢財直接有接觸的職務。

太陰居平、居陷時，就會窮困、財少、沒錢，再有化權跟隨，是愛管錢，又沒錢管或管不到的狀況。很令人心裡嘔氣，但又無可奈何。同樣的，在愛情方面，有太陰居平、居陷帶化權是想愛又愛不到。倘若太陰居平、居陷在夫妻宮，表示配偶是財少、霸道，主觀、自有一套愛情觀的人，對別人要求嚴格，自己卻付出的感情少，又喜歡管別人，常引起家庭糾紛的人。另一方面，你自己的內心世界的感情，也是這種不想付出，只想強力大肆收穫的人。自然會和配偶發生彼此利益上的衝突，而感情不順了。

倘若太陰是居廟、居旺帶化權，則是有情份的多管，細膩精緻的多管，很貼心的多管，會付出財來相助的多管。有一個人這麼的為你設想周到，體貼的來管你，自然你是滿心歡喜的給他管了。而且，只要是夫妻宮有太陰居廟、居旺帶化權的人，其人家中的經濟大權全在配偶身上，而且他們夫妻和諧，過得愉快順利。有太陰居陷、居平帶化權在夫妻宮的人，配偶是賺錢少、理財能力又不太好，又愛多管的人，愈管愈糟，常有家庭糾紛。有些甚至因錢財問題而離婚。

只要是戊年生的人，太陰是居平、居陷位的人，就會有居平、

居陷的太陰化權，因此這些人都會和女性處不好，又愛多管別人，尤其對女性特別愛管、看不慣，十分奇怪。

己年生，貪狼化權：貪狼是運星，代表好運機會。有貪狼化權時，可掌握好運機會。但也要看貪狼星的旺弱而定。

貪狼居廟帶化權時，在丑、未宮是和武曲化祿同宮。在辰、戌宮是獨坐，對宮有武曲化祿相照。因此可看出貪狼所主掌的好運機會是和大錢財和大財富有直接關係的。這就是世上最完美、最高層次的『武貪格』暴發運的格式了。會暴發億萬之資，最少也有幾千萬。要看其人行運的運程，是否在大運之上而定了。

貪狼居旺帶化權，會是己年生、命盤中，**貪狼坐於子、午宮的人**，但會有紫微和祿存同坐於對宮相照。或是祿存與貪狼化權同宮在午，對宮有紫微相照的兩種格局。因為有祿存同宮或相照的關係，會限制了貪狼的活動力，也限制了化權的強勢力量。因此其人會似乎有一些好運，但又保守，不出擊，自以為高尚、矜持，想管又假意不要管，希望別人推舉他，奉承他出來管，所以是很不乾脆的人。但無論如何，仍算是『權祿相逢』，可有財祿，但財祿也不太。如果再有火星或鈴星同宮或相照，是『火貪格』、『鈴貪格』，但同時也是『祿逢沖破』，所暴發的，便不太會是錢財，而是好運機會了。倘若你沒弄清楚這一點，一昧的等待錢財暴發的機會，而忽略事業運上的好運機會，便不一定會暴發了。貪狼居平帶化權，會在寅、卯、申、酉宮出現。貪狼居平帶化權時，好運機會沒那麼多了，人緣桃花也不算很強，但強力愛管、愛插手。**在卯、酉宮時**，是居旺的紫微和貪狼居平化權同宮，因為紫微也是桃花星，又同坐於桃花地，因此桃花很強，化權又加強了桃花的成分。故會有男女關

係複雜的狀況。有此狀況的人都會影響到事業順利的發展。因為到事業重要打拚的時刻，都會因貪念桃花而敗事。而紫微本來能力撫貪狼使其平順的特性，由於貪狼帶化權，強力要做，而無法管得了。只能形成外表好看，氣派，但欲求不滿足的狀況。

在寅、申宮的貪狼居平化權是獨坐的，對宮有廉貞居廟來相照，表示這一種貪狼化權，是好運機會並不多，而是用計謀、企劃能力來促成掌握的。這也是說這種好運機會不像貪狼居廟、居旺帶化權那般是天生形成的。而是人為造作的，是故真正能掌握到的好運機會也並不太多了。**在巳、亥宮居陷的貪狼化權**，是和居陷的廉貞同宮，對宮是空宮。因為貪狼居陷的關係，化權也居陷，更無影響力，只有固執、好貪而已了。

在巳、亥宮居陷的貪狼化權，也會和桃花有關，貪念色情，男

女關係複雜，引以為恨。

廉貪同宮時，雙星俱陷落，是人見人厭，人緣不好，機會全無，但又有貪狼化權時，還沒有自知之明，又強勢愛管、愛插手、插嘴，因此會引起更多的不滿。並且在此種格局中，會因好貪、自作聰明的好貪，會引發桃花糾紛，以及上當吃虧，或遭仙人跳的狀況。

在巳、亥宮的廉貪，有居陷的貪狼化權時，其人外表長相仍能稍微氣派，挺立一點，有時也勉強可列為帥哥、帥姐之流的人。但一輩子好運並不多，且有慾求不滿的問題。

庚年生，武曲化權：武曲是正財星，代表財富、金融、金器，也代表政治力量。庚年生，有武曲化權在命盤中的人，就是要由政治力量而得財的人。但若要問會得多少財？這就要看你命盤中的武曲化權是居廟還是居平了。武曲財星居平，錢財已很少了，紫微斗數中沒有居陷位的武曲。武曲只有四種旺度：居廟、居旺、居得地、居平。

武曲居廟帶化權，在丑、未宮與貪狼好運星同宮。在辰、戌宮與貪狼相照，所以命盤格式是這種武曲化權的人，勢必是因為人際間的政治關係帶來好運，而讓你掌握到賺大錢機會的。而且你也能隨時抓住要領、關鍵，隨時注意誰是重要的、誰是有權力的人，只要能掌握此人，你便有錢賺了。有此武曲居廟帶化權的人在命宮，雖然固執一點，但多半會有成就的。武曲也代表剛直、重信諾，因此有武曲居廟帶化權（獨坐或武貪同宮）、武曲居旺化權（武府同宮），武曲居得地帶化權（武相同宮），都會特別信守承諾，不會隨便反覆無常，而且做事一板一眼，規律而格式化，不太會變。

武曲居旺化權，是在子、午宮和天府同宮的武曲帶化權。這時管的是財庫，完全掌握財運，偶而也會有政治因素介入，但不多。有此武曲化權、天府在命盤中的人，最會向人要錢和收錢了。而且一要便要得到，萬無一失。所以有此格局在命盤中的人，做討債公司也會賺錢的了。但因命盤中有太陰化忌的結果，不宜向女性討債，會惹氣。

武曲居得地帶化權，是在寅、申宮和天相福星同宮的。這種武曲化權管的是：使自己衣食溫飽的錢財。平常他不愛多管，只管他自己負責的工作，拿到薪水，有飯吃就好了，並不想管大錢。雖然他也能掌握大錢，但只要夠用就好了，並不貪心。有此武曲居得地化權的人，也會喜歡涉入政治及運用政治手腕使一切平順。

就像台北市長馬英九先生的田宅宮中有武曲化權、天相，就表

示其家庭生活平和、幸福，生活規律而格式化。家中的人都帶有政治氣息、氣派、剛直，是靠公務員的薪資過活，也可住公家宿舍，自購也非常有能力，能買極貴的、價值高的，裝潢精緻的房子，留存給子女。

武曲居平帶化權，有兩種，都是『因財被劫』的格式。一種是『武曲化權、七殺』會在卯、酉宮出現。一種是『武曲化權、破軍』，會在巳、亥宮出現。

有『武曲化權、七殺』在『命、財、官』或『夫、遷、福』的人，多半會做軍警職，或與軍警有關的工作，例如律師、法官、監獄看守等工作。有此種武曲化權因武曲居平的關係，又被七殺劫財，所以化權帶有凶猛的味道。此種武曲化權也同時是強力的政治因素或武力介入，窮凶極惡要管、要控制，這是絲毫不帶有任何感情成份在內的。而且要管、要控制，也不會給被管制者絲毫利益回報的。

有『武曲化權、七殺』在『命、財、官』三方的人，好爭奪，倘若是在卯宮，尚爭奪的有希望，但實際利益不多，是窮爭、白爭。在酉宮，因有『武曲化權、七殺、擎羊』同宮，是好爭又懦弱，會用武力干涉，最後又賠款了事的狀況。所以好爭只是自找麻煩而已。

有『武曲化權、破軍』在巳、亥宮，又在『命、財、官』、『夫、遷、福』的人，也會與軍警職有關。這種格局是強力要管、要插手，以政治性的，以武力來干涉的，即使破壞、顛覆、消耗掉了，也再所不惜。所以這也是一種『因財被劫』的格式。

武破同宮時，武曲居平，破軍也居平，有武曲帶化權，依然管

的到錢，也愛管錢，但不會有留存，是過路財神，適合在軍警職中做後勤、出納管財務的工作。

當人的『命、財、官』中有武曲化權、破軍時，特別愛做生意，或愛掌財權，但管又管不好，錢愈管愈少。做生意也是起起伏伏的，終究會結束營業，做不長久的。

有『武曲化權、破軍』，亦是好爭，又破耗。常用強制的、武力的方式去爭奪，即使爭來的已損壞了也再所不惜。另一方面，就是花了很大的代價去爭奪。反正最後都不算是好下場。

在流年、流月中逢到『武曲化權、七殺』或『武曲化權、破軍』時，要小心車禍、傷災，為金屬器物所傷，會傷得很重。

辛年生，太陽化權，太陽代表男性，代表事業，政府、公職、亦代表火。有太陽化權在命格中的人，對男性、雄性有主導力、說服力。倘若太陽居陷，化權也居陷不強的時候，就要在晚上或隱密的地方去說服男性。

倘若太陽居廟、居旺帶化權的人，大白天，公然的、當眾的，在檯面上的就能說服男性和上司了。

有太陽化權在命盤中的人，就會以事業為重了。有太陽居廟、居旺帶化權的人，事業運會旺一些。而太陽居陷居平帶化權的人，事業運會弱一些，常是想打拚又後繼無力的狀態。

有太陽化權在命盤中的人，做公職或做與政府相關有來往的工作或生意，是非常好的。

太陽化權代表男性長輩、或男性地位比你高的人，會管你的人。有太陽居廟、居旺化權在命盤中的人，表示容易受到男性長輩、男性上司的喜愛及管束。同時你也具有對男性的主控力與說服

力。**倘若是太陽居陷化權在命盤中**，表示你的男性長輩或上司是性格較悶的人，事業運也不太順暢。你需要在晚間、私下裡和他協商，才能說服他。有這種太陽陷落帶化權在命盤中的人，如果做生意要和男性對手談生意，最好也是約在晚上的時間，做私下交易較好。

太陽代表火，有太陽化權在命盤中的人，表示火旺，做糕餅業、烘培業也很好。但是有太陽化權和紅鸞、天刑等星同宮或相照時的流日，容易引起火災。因為有化權的關係，火勢會猛烈。

壬年生，紫微化權：壬年生的人，因為有武曲化忌的關係，所以會有紫微化權來強力的使一切金錢上的問題平順。而且這個紫微化權和武曲化忌一定也是在三合方位上的。

紫微原本就是最高權力、領導者，主導者的地位，帶化權之後，力量更強，權力及主導力量更強勢。但這也要紫微居廟、居旺帶化權才會有用。紫微居平在子宮的『紫微化權』仍是差居廟在午宮的『紫微化權』十萬八千里很遠的。它只是比不帶化權時好一點。

況且，所有的紫微化權的三合方位中都會有武曲化忌，這同時要看你所有的『武曲化忌』的旺度有多高，錢財、麻煩有多大，也更要看紫微化權和何星同宮?也才能定紫微化權所擁有的力撫平順的力量有多大了。

例如在『紫微在寅』、『紫微在申』兩個命盤格式中，壬年生的人之武曲化忌是居廟的，雖有金錢是非但不算頂嚴重，而紫微化權居旺，會和天府同宮，錢的事情會用錢來解決。這個在寅、申宮和天府同宮的紫微化權，會想盡一切辦法，東拉西湊找錢來解決財務

問題。

當紫微化權和殺、破、狼三星同宮時，雖都是居旺，但三合宮位中的武曲化忌也在『殺破狼』格局之上，和殺、破、狼同宮，這就是劫財的格局，有紫微化權雖能主貴，但是會貧寒。只能擁有強悍、頑固的性格和氣派的外表。一生起伏多災了。

以前曾有一位紫微化權、貪狼坐命卯宮的女士來算命。她是從事安排國內外演藝歌舞藝人來台演出經紀人的職務。因為以前曾經做的很大，後來倒了。欠下大筆債務，又和先生離婚，獨立撫養小孩，十分辛苦。她自己一直奇怪，有紫微化權，命這麼好、為什麼會遭逢如此不順的事呢？而且只是財帛宮不好一點，怎麼會讓她感覺這麼累？

在我們算命者的理論裡，寧可命宮差一點，也不能在財帛宮或官祿宮不好，因為這樣就會錢財不順，事業難發展，每天追著錢財跑，想賺又賺不到。**財帛宮不好的人**，不可做生意，手中可運用、掌握的錢財少。倘若已做下去了，就一定要請會計幫忙算帳。**『命、財、官』三方有武曲化忌的人**，尤其不可做生意，**『夫、遷、福』三方有武曲化忌的人**，也是不能做生意，必須做薪水族，為人工作，或做公職，小心過日子會一生平順。

命宮中有紫微化權的人，最適合做公職，命中財多（八字中財多）的人，仍會有高官厚祿，只是手中可運用的流水財不多而已。命宮中有紫微化權的人，外表氣派，有威嚴，使人望而生畏。而且性格霸氣，凡事主觀強，自己做主，不容別人的意見。

這位紫微化權、貪狼坐命的女士，在她的人生中有兩個問題。一是沒做公職，從商去了。但也可多包攬一些公家機關的工作來

做。因為她長相氣派，美麗，態度誠懇老實，是很能得到公家機關的生意的。若再能加上運用『紫微化權、貪狼』所代表的吉時來談生意，就萬無一失了。另一方面，她在婚姻上沒有找對人。命宮中有貪狼的人，夫妻宮都是天府，表示財庫在配偶身上，會嫁有家財的人。夫妻感情親密融洽。我曾看到許多命宮中有貪狼的人，心大、貪心、好賭博，或買股票失利，欠下巨款，老公、老婆也默默的在幫忙還債，也不會離婚，很能容忍。但這位女士找到的配偶年紀比她小，家境也不好，且十分小氣，對妻子也無愛惜之心，只求自保。這和別的同命格的人差得太多了。這位女士雖很能幹，有錢時，大家一起花用，一身擔起家計，生意失敗了，也自己肩挑債務。所以說這也是紫微化權和武曲化忌在三合相照時，強自要做主，又做了些不好的主，這些不好的事，都反映在錢財上了。

當務之急就是繼續穩穩的做，或暫時幫別人做。在性格上要放低姿態。她這個行業最重資訊，因為朋友宮是空宮，又有機陰相照，所以別人不太敢來和她交際應酬，此時便要自己姿態低一些，多找管道聯絡了，以等待好運機會來臨。另一方面，因為才三十幾歲還年輕，應可再尋求到好對象結婚。『命、財、官』有『武曲化忌』的人，是心中愛錢，嘴上說不重錢財，但又被錢財困擾，根本搞不懂如何才能賺大錢的人。因此內心常會糾結煩悶，頭腦不清了。而且此位女士命宮又有紫微化權，死愛面子，更不喜談錢，自命高尚，但就是被錢所困。人要認識真相才能解套。所幸命格中有紫微化權的人，最後都能平撫祥順。但最重要的是，不要再落入下一個循環輪迴之中。否則這一生就這麼起起落落的，苦不堪言了。

癸年生，巨門化權：巨門主口才、吃食，也主是非、災禍、嫉

妒、多管、挑剔、猜疑。命格中有巨門化權的人，天生口才好、有說服力、煽動力。不管是對個人或群眾，都有煽動、說服的技倆。這種人口才銳利、機智、喜歡搶話講，先發制人，也會用另一個話題挑起是非、混亂，來從中得利，或轉移目標。

有巨門化權在命格中的人，想要吃就有的吃，好美食，對食物挑剔，也能吃到最好、最高級的食品、菜餚。

有巨門化權在命格中的人，對別人很嚴格，多管，愛管，善嫉妒，好猜疑，凡事精明，是什麼都吃，但不吃虧。他也特別會利用有是非的時候，或有災禍的時候，來創造自己個人的功利。

巨門要居廟、居旺帶化權才有用。如果是在辰、戌宮有居陷的巨門化權，就是頭腦不清，愛胡鬧，像小孩一樣撒潑來解決事情、要好處。言行較無賴。行運在這種居陷的巨門化權運程時，是災

禍、是非、禍亂加倍混亂的時刻，使人無法透一口氣。一直要等此運過了才會好。**在丑、未宮和居陷的天同同宮的巨門化權**，又會有擎羊同宮或相照，會形成身體殘障的格局。陷落的巨門化權和擎羊一起作亂，傷災嚴重，福星無力。其人會懦弱，又愛找麻煩給別人，惹了事，自己又躲起來不管，根本沒解決能力，只會在旁邊煽風點火。行運在此運程時，要小心傷災、病災，和多惹是非。

化權星紀事

化權星：主權力掌控，主勢力、主貴、愛面子、霸道、愛管、強人所難、會有成就，但會和人起爭執、磨擦。本身受人尊敬。會有才華。專業技術，有自負、不服輸之個性、很頑固，強力要做主。強力要達成。在財運上為進財、增值，但也會揮霍掉。在病症為肝膽的毛病和手足神經系統的毛病，亦會有外傷或急病。

科祿權

破軍化權：強力要改革、強力要破耗，強力要打拚，會不顧一切的想達成願望，但因起初想得太完美，不實際，不一定會達到標準，但耗費金錢很多，是得不償失的。

破軍化權、左輔、右弼：有幫手幫著一起打拚，力量更強，但也有左右手一起幫著耗費錢財。因此最後的利差是好？是壞？也是不能斷定的。這是行動力很好，但腦袋不一定清楚，也許花費大，得不償失。另一方面也有仗勢欺人的狀況。

破軍化權，文昌、文曲：此是主貴但貧困的格局。強力愛打拚，強力愛做事或做主，但頭腦不實際，對金錢沒概念，會努力很多，但賺不到錢。有破軍化權和文昌或文曲同宮時，會更加快貧窮的腳步。有水厄。在流年、流月、流日、流時,三重逢合時很嚴重,會立即致命。

權祿科

破軍化權、擎羊:傷災,很重的傷災、車禍。大塊的撕裂傷,或被尖銳之物刺進去,直接貫穿身體。

在為人或流運方面代表的意義是:為人強勢好鬥而陰險,頭腦不清,表面看來很會虛張聲勢,但會受要脅或脅迫而懦弱屈服。因擎羊和對宮的天相形成『刑印』格局。因此其人其實無實權,打拚能力也不強的。反而多破耗。化權而無用武之地。流運逢及定有重大傷災及耗財。

破軍化權、陀羅:傷災、笨又強勢愛做主。是非多、胡攪蠻纏、頭腦不清,猛要做事,又不順利,強力破耗。事情做得破破爛爛,引發更多的是非。好爭鬥,愛掌權,只會花錢,不會做事。

破軍化權、火星：爭鬥激烈火爆。喜挑起爭端，會主導佈置爭鬥的導火線。能把事態擴大嚴重性，中途還有無數的小的爭爆點。火災，凶猛的火勢。會損耗嚴重之傷災、禍災。為人性格古怪，外表氣派、性急、衝動，易怒，不好相處。常有意外之災發生而嚴重。

破軍化權、鈴星：爭鬥激烈火爆，古怪、聰明，喜挑起爭端，會在怪異的事情上，或用怪異的方法來引人注意。強勢的愛鬥爭與強勢挑釁。有陰險的破壞計謀。肯打拚，但不用正當方法，喜用怪異的、標新立異的方法來打拚。火災，強烈的、大片的悶燒型式。強力、嚴重的意外之災，嚴重的車禍，還帶有怪異的是非禍事。在人，為人性格古怪，外表穩重，內心聰明古怪，喜利用科技技術來報復人。性急衝，動，易怒，但在報復人時，有時會中途停頓一些時間，讓破害人更恐懼。

科祿權

破軍化權、地劫、天空：破軍化權只要和一個天空，或是一個地劫同宮就已經是權力落空了。為人想打拚，常東奔西走，東做西做，做一會兒就沒下文了。為人喜歡掌權，管事、做主，但管不好，常不做事，只動口不動手，權力自然的落空。有此種格局在命格中的人，做寺廟主持較做得久。尤其有武曲化科、破軍化權、地劫、天空同在『命、財、官』的人，四大皆空，做寺廟主持，亦能成名僧。

破軍化權和天空或地劫同宮，是強力要破耗成空。而且破耗成空的速度加快。

※破軍化權和文昌、文曲、火星、鈴星、地劫、天空同宮時，因昌曲、火鈴、劫空這些星全是時系星，因此事件和災禍發生的時間是以時辰為主的。當這些星曜一起出現在某一宮，那一宮所代表的時辰即是災禍發生的時間。過了那個時辰，就不再會發生了。只有破軍化權和文昌、文曲，在對宮相照時，亦會有水厄之災，因此對宮的時辰也要注意。

天梁化權：強力要照顧，強力要管，要幫助，強力要干預。超級頑固的要霸佔主導權，還自以為是為了對方好，有恩於別人。

在時間點上，天梁居旺、居廟化權，能得神助、蔭庇，而獲得對事務反敗為勝，扭轉乾坤的主導權。以及對女性長輩級人物，和所有的長輩級人物的說服能力及主導權。

天梁居陷帶化權，化權也居陷不強，故想管也管不到，別人不給你管，你只有固執、拔扈、落人埋怨，吃力不討好，天梁陷落帶

化權是想幫助別人，但心有餘而力不足，或是光說不練，做事不實際，無法負起責任。亦或是偶而幫助人，卻對方不領情。故是想做而做不到。在時間點上，天梁陷落帶化權也對人無益，無幫助，反而多增口舌是非。

天梁在旺、居廟化權，左輔或右弼：有長輩、上司、女性強力要管、要干預，很喜歡管你的事，而且還帶著一些和你同輩的人一起來幫助你，也管你，你會得到非常大的助力，但是壓力也很大。是既高興又無奈的，但好處非常多，使人艷羨。

天梁居陷帶化權、左輔或右弼同宮：長輩上司喜管束你，嘮叨你，但經常是愛管不管的，連同輩的朋友也是這樣，他們只有固執不開化的腦子而已，對你幫助不大。

天梁化權，擎羊：有長輩和貴人喜歡來管你，管得非常嚴格，

幾近剋害的程度，實際上對你一點好處都沒有了，使你很痛苦。

長輩或貴人照顧你的方式，是一種強力控管、約束，使你幾乎要透不過氣來，實際上是深深傷害你的照顧方式。所以你的貴人運其實是不好的貴人運。

天梁化權，陀羅：有長輩和貴人用一種笨拙的方法來管你，主控你，還自以為是對你好、照顧你，其實很讓你煩惱。

太陽、天梁化權、祿存（在卯宮）：父母及長輩型的貴人，用寬容但又保守的愛心，強勢的來管你、照顧你。這種愛護與照顧在你幼年時代是得到非常好的照顧與滿足。但是在你長大後，這種照顧也常會流於限制太多，而成一種牽制，也會限制了你的成就發展。此三星同宮亦是『陽梁祿』，但沒有文昌，因此不成格局，有文昌在子、午、酉宮出現即可成格，會有主貴的，考試的運程。

天梁化權、火星：表示愛管你，能幫助你的貴人是脾氣爆躁，急性子，馬虎，會一下子很衝動的管你一下、照顧一下，一下子又不見得愛管了。

天梁化權、鈴星：表示愛管你，能幫助你的貴人，脾氣古怪，會用古怪的手法來管你、幫你，會讓你覺得不舒服，受剋制，又有些鬼怪的感覺。不過這種狀況會很快的過去。

天梁化權、地劫或天空同宮：表示表面上看似有很強的貴人運，長輩、上司對你好，實際上你並沒有真的享受到他們照顧你的利益。而且他們對你很愛管制、主導你的事物，但管了一半，總是中途不管了，或是你根本感覺不到有很強的貴人運。

天梁居旺化權加一個地劫或天空同宮時，代表強勢的貴人運會突然消失了。或掌權及主管、主控的機會突然會失去。

天梁化權居陷加地劫、天空在巳宮或亥宮同宮時，代表想管也管不著，雖固執、頑固的堅信要把握掌權管事的機會，但實際上對事務主控的力量已轉移，大權旁落了，所以你什麼也得不到好處。

天機化權：能主導變化的因素和力量，能利用聰明智慧來主導及掌控一切的力量。天機居廟、居旺化權在時間點上，會有突發事件，形成一個轉機，可反敗為勝。同時這也是個變好、變聰明的致勝點。

天機居平、居陷化權：一心頑固、固執的想主導或掌控，但智慧不佳、機運愈變愈差，因此化權無用，根本掌不了權，只有固執和災禍而已。

天機居廟、居旺帶化權，加一個左輔或一個右弼時：代表有人會幫助你在變化中掌握主導權。使你成功的力量更大。

權祿科

天機居陷化權、左輔、右弼同宮在丑宮或未宮時：代表你周圍的人，有許多助手都是烏合之眾，愈幫愈忙，也使你根本無法掌握住主導權。同時也表示好運時沒人幫。運氣差時，有更多的人幫倒忙。

天機居廟化權、擎羊同宮（在午宮）：表示爭鬥多，又陰狠，你會利用一些機運變化，掌握住關鍵點來達成致勝的手法，但十分辛苦。並且在爭鬥中，你也有時候，做了某些懦弱的妥協。

天機居平化權、天梁、陀羅（在辰宮）：表面上有小聰明，愛抓權，什麼都想管。但實際上頭腦笨，只是引起更多的是非、麻煩，根本掌不了權，管不到事情。

天機居旺化權、火星：有掌握變化機會的主導權，但會因突然之意外事件而產生不測的變化。也容易變成意外災禍。

天機居陷化權、火星：事情變成災禍的力量更加劇。

天機居旺化權、鈴星：有掌握變化機運的主導權，但會有古怪的意外出現，時好時壞，亦可能有意外災禍。

天機居陷化權、鈴星：事情變成古怪，變化及意外災禍的狀況加劇，絲毫無法控制。

天機化權加地劫或天空同宮：具有掌控事務變化的主控權落空。

天同居廟、居旺化權：溫和但強勢的要享，強勢的會平順，不須辛苦就可以安然掌控的。

天同居平、居陷化權：溫和能力不住，只對玩樂會堅持努力，對工作和正事沒有力量。有心意想要管事，但能力薄弱、管不成。

天同化權、巨門化忌、擎羊（在未宮）：使刑福更加劇。操勞、

權祿科

福不全，傷殘嚴重。

天同化權、陀羅（在巳宮）：自然掌握主導權的力量減弱。事情在暗中變化，是非糾纏不清，表面安靜，內在翻騰，結果未必是好的。

天同化權、火星：因為衝動、火暴、急躁的問題，使自然掌握的主導權會動搖，有意外之災會快速發生。

天同化權、鈴星：因急躁、衝動、古怪的事情，使自然可掌控的主導權發生變化，有古怪的意外之災會快速發生。

天同化權、地劫、天空同宮：表面上有對萬事自然而然的主導權，但實際上根本不會去行使或使用此權力，故形同虛設，根本無用。

天同陷落化權，太陰居平化祿、祿存（在午宮）：代表十分保守、小氣，因為財少，致福的能力也不強，只有衣食溫飽而已。也存不了什麼錢。雖有雙祿帶化權，依然是生活層次很低的。但做上班族、薪水族、公務員，一生有飯吃。

科祿權

太陰化權：對女性的主控力，對儲蓄的加強力量、對陰藏事物的主控力量、對房地產、田產、土地的主控、主導力量。對愛情、感情、桃花的主導力量。對有關於銀行、金融、經濟方面加強的主導與主控力量。對母親、妻子、女兒的主導力量。在夜間吉祥的主導力量。對薪水增加、兼差的主導力量。

太陰居廟化權、右弼（在亥宮）：代表有女性幫手幫助你很會管錢，在經濟上更具主導權、控制權，錢財也更多。你也會對女性更具權威，女性也都成為你的得力助手。同時，你的房地產也經由貴人及左右手的幫助增多。有許多助手來幫助你主導和控制一切。

科祿權

在感情問題上，你最好是男性，這樣你會有女性貴人來幫助你事業成功，得大財利。倘若你是女性，要小心有第三者的女性，她雖會在事業上、生活上會幫你，但也會造成你在感情問題上的第三者。使你感情不順。

太陰陷落化權、**祿存**（**在巳宮**）：表示性格保守、孤寒、小氣、喜歡管女性，但又管不到，會引起更多的是非糾紛。因對宮就有天機化忌相照。故環境中就有不斷變化的是非在等待著，永不停息。因此財也少，祿逢沖破，想賺而賺不到。

太陰陷落化權、**陀羅**（**在辰宮**）：對錢財及女性的主導權無力行使，用不上。此為加速『刑財』。頭腦笨，還頑固的想管制女性或愛管錢，沒人給他管。是非增多。感情不順，戀愛失敗、錢財少、拖拖拉拉。

太陰化權、火星（在戌宮）：刑財。能主掌財權，但會因衝動或意外事件而損失。

太陰化權、鈴星（在戌宮）：刑財。能主掌財權，但會因古怪的想法和意外之災而損失。

太陰化權、天機化忌在寅宮：喜管錢財，對錢財有主控力，但思想上有古怪聰明而犯錯，有損失。掌控機運的能力也差，會有是非災禍發生。

太陰化權、地劫、天空同宮：對女性和錢財有主控力，但你的腦筋從來不會想這方面的事，是故，你從來就沒有享受此主控力量。

貪狼化權：強勢、有效的抓住主控好運的力量。對自己的貪心念頭有主導及攫取的力量。加速貪心及奪權。加強爭鬥力量。加強

權祿科

桃花的力量，以及強力接觸的力量。加強運氣變化時主導的力量。

貪狼化權、武曲化祿：是最高層次的『武貪格』，可得最大之財富，爆發偏財運。會強力要爆發。

貪狼化權、火星或鈴星：是『火貪格』或『鈴貪格』，是強力要暴發的偏財運格，會獲得大財富及暴發事業運。

貪狼居旺化權、左輔或右弼：有同輩（平輩）的貴人會來幫助你，使你掌握更多的好運主控權和主導權。也會有更多的事情會造就你有更多的貪念、貪心，和爭權奪利之心。而且你總是勝利的。

貪狼化權、地劫或天空：有主導好運或主控好運的強勢力量，但會因自己的思想偏頗了，或有外來的因素影響了，而沒有去掌握這種主控好運的力量。故化權也無用了，主控力常落空。

貪狼化權、武曲化祿、擎羊（在未宮）：表示在爭鬥中，具有主導好運及賺大錢財的主導權。

廉貞、貪狼居陷化權、陀羅（在巳宮）：表示運氣極差，是非災禍又多糾纏，但貪心、想控制、主導好運的想法還繼續在鼓動。因此根本不實際，也可說是笨了。對於男女關係、犯淫之事具有貪心的意念。

武曲化權：對錢財有主導權、控制權，對政治有主導、控制權。對軍警事業有主導和控制權。對鐵器、刀槍有主控權，易掌握。

武曲化權、七殺、擎羊（在酉宮）：在政治鬥爭的生態環境中，只能擁有一點點主控力量，但仍堅持參與激烈的爭鬥。故所得之利益很少，有傷災、禍害，也會有刀斧加身的剋害發生。

武曲居廟化權加左輔或右弼：有平輩或同輩的貴人幫忙更加強

政治上的主控權，以及幫助掌握更多的金錢財富。

武曲化權加文昌（在寅、午、戌宮）：對政治和錢財有主控力，但計算能力、精明度與文書能力不佳，所掌握之權力和財富會減少。

武曲化權、文曲（在寅、午、戌宮）：對政治和錢財有主控力，但精明度不佳、口才不好、才華有瑕疵，會耗財因人緣不好而和政治主控力減弱。

武曲化權、火星（鈴星）：在爭鬥中對政治和錢財有主控力。但會因急躁、火暴、衝動而引發突發事件而不吉。也會無法完全掌握財富和在政治爭鬥中掌權。

武曲化權加一個地劫或天空：此是『權空』和『財空』。會因為自己本身想法不實際的關係，本來可對政治、財富具有掌控力的，

但反而背道而行，而失去了掌控力，或自己不想掌權，就賺不到錢，也掌不了權了。

太陽化權：對事業有主控力。對男人、地位高的人，陽剛氣的人、男性長輩等有主控力。對公家型事業、機關、政府官員、公共型事業等有主控力。

太陽居旺化權、**左輔**：有平輩的男性朋友幫助你權勢更高，更能服眾。

太陽居陷化權、**右弼**：有平輩的女性會幫助你在檯面下掌權、得到實際利益。

太陽化權、**火星**（**鈴星**）：在快速、火爆的場合，能掌握主控權。但時間不長久，也易快速失去主控權。事業易大發，也易大敗。有迅速燎原的火災，燃燒激烈。

太陽化權、地劫、天空：本身氣派能掌權，但因思想上不實際及外在事物劫入，機運不佳，故無事業運，也掌握不了主控權了。

紫微化權：能使萬物、萬事平順祥和的主導力量。能平復所有的傷害、創傷、剋害，強力使復建成功，讓其回到原來的面貌。強力的要高高在上，主掌最高的權力，來管束別人，強力的要高貴。

紫微化權、左輔化科：有好幫手用非常體貼、善於處理一切事物，用很厲害的文飾武功來幫你做事，使你具有像帝王般極等的權力、地位來主控一切事物。因此萬事皆吉。

紫微化權、擎羊（在子宮）：爭鬥嚴剋，趨吉的力量不強。因紫微居平帶化權，又受擎羊小人挾制。故是好好壞壞，運氣不太好。

紫微化權、火星（鈴星）在午宮：急躁、火暴、有意外事件發生，但使平順的力量也強。有怪異的增貴與掌權、受尊敬的機會。

紫微化權、地劫或天空：只有外表長相好、清高、固執而已，趨吉的力量並不明顯。也不能主控或掌權管事。

巨門化權：口才銳利、愛吵架，用嘴支配人，愛罵人。能使用是非、災禍來得利。能挑唆成功。具有煽動群眾之力量。能說服別人。

天同、巨門化權、擎羊（在丑宮）：傷殘。是非多，傷災、開刀事件、車禍。心臟病、抑鬱、脊椎骨受傷。生活不順利。

巨門化權、陀羅（在亥宮）：內心悶、腦子笨，但口齒銳利，不怕麻煩糾纏，愈纏愈有說服力。

巨門化權、左輔或右弼：有平輩、朋友或兄弟會幫你更具說服力，領導能力，但是非也更多。

巨門化權、火星（鈴星）：爭鬥多而激烈，能在意外突發事件中掌控主導權。但要小心三方有擎羊，形成『巨火羊』之惡格，有惡死之兆。

巨門化權、地劫、天空：本身有說服力、主控及領導能力，但有時會因頭腦空空，而無法掌握此種能力，故化權為無用。

科祿權

第三章　化權星在主要宮位、次要宮位及閒宮對人之影響

在人命盤中，最首要的三個宮位，就是『命宮、財帛宮、官祿宮』這組三合宮位了。其次才是『夫、遷、福』一組的三合宮位。其他如『兄、疾、田』、『父、子、僕』等二組三合宮位都算閒宮。由此可知『命、財、官』是人生最重要的首腦、經歷、結果與生命源頭。

權祿科

第一節　化權星在『命、財、官』對人之影響

有化權星進入『命、財、官』這一組三合宮位時，就表示你的人生境界有增高的趨勢。你會具有做事的能力，能夠主導或主控一些可以成功的事情。因此亦表示未來你在人生或事業上會有一些成就展現。但化權星居陷時，則未必有成就，而是懦弱、無用、頑固、多災的。

化權星入命宮

化權出現在命宮時，也主其人長相氣派、講話有份量，對別人

科祿權

有影響力。也會凡事愛做主，做事乾脆、不拖泥帶水、性格豪爽。比較操勞、勞碌。若要看此人往那些方向勞碌、愛管事，就要看命宮帶化權之主星為何，就知道其人生的性向了。

命宮中有化權的人，思想都較政治性，也喜歡往政治上發展，或喜歡做老闆掌權。甚至做不成老闆，在自己家中也喜歡掌權做主，以達到支配他人的慾望。但從政容易有大起伏。從商也容易起落分明，在家好管閒事、管人，也容易婚姻不美。並有頑固的、即使自知錯誤，但仍要做下去的意念。

命宮中有化權星的人，人緣不見得會好。而且因為太喜歡做主掌權，容易和人有是非及爭鬥之事，且其人有高高在上、唯我獨尊之想法性格，讓人懼怕。因此一般的家人、朋友、部屬都會與他保持距離，不會和他親密如知己。因此命宮中有化權星的人，在心態上，多少有孤獨的感覺的。

命宮中有化權星的人，不一定能掌權或掌握機會，只要有擎羊、化忌同宮或相照的人，機運都不會好，且多是非爭鬥和競爭，十分辛苦。命宮中有化權星的人，也不一定能掌控到財權、財運。即使化權所跟隨的主星為財星武曲或太陰，只要有煞星同宮或相照，賺錢和管錢的機會及財福的權力便會受到嚴尅的挑戰，會辛苦而不順了。

破軍化權入命宮

甲年生有破軍化權在命宮的人，喜歡創造事業、喜歡打拼，更喜歡改革和變新，喜歡買東西、主掌經濟和消費之類的權益。但是有破軍化權在命宮的人，性格強、愛主導一切，也強勢的要破耗。

並且還有廉貞化祿會在『命、財、官』、『夫、遷、福』等宮出現，因此會有特殊的癖好和喜歡男女情色的問題而影響到一生的事業或富貴。

破軍化權要要居廟、居旺，打拚力量和改革、重建的力量才有力，也具有超強的掠奪能力、戰鬥能力、破耗得理所當然，無人敢反抗。

破軍化權居得地之位在命宮時，命勢已稍弱了，但他仍有強悍的性格，喜管人或錢財，會有平順、錢財夠用，享受衣食上的豐足生活，便已足夠了。

破軍化權居陷時和居平的廉貞化祿同宮，並且還會有擎羊同宮或在遷移宮，如此命格的人必有『刑印』的格局，是性格表面上又臭又硬，但也會圓滑，或在某些凶險、堅硬的事情上也會軟弱下來。而且一生環境不佳、破爛、起伏、勞碌、困頓，也容易不善終。

權祿科

天梁化權入命宮

乙年生有天梁化權入命宮的人，天梁化權居廟、居旺時，表示其人好管制他人，及強力照顧他人和支配他人。並且會想盡辦法要別人聽他的話，具有計謀、能達成自己運用某些權力來達到自己的想法和願望。並且有天梁化權在命宮的人更自私、自利，是想盡一切辦法，不顧一切的要自私。天梁化權居旺的人之自私，是強勢要多管、要照顧自己人的自私。**而天梁化權居陷入命宮時，**是沒有自知之明，自己能力不足，但仍要多管、或照顧別人，做又做不好，他會為了掩蓋自己所造成的錯誤而做一些自私的事情。

命宮有天梁的人，已經是頑固、霸道、愛護短、自以為是、用自己的方式來照顧別人，性格穩重、有做老大的心態、注重名聲與地位，希望別人尊重他。命宮再有化權進入跟隨天梁時，這些狀況皆加重。

天梁化權居陷坐命宮時，能產生計謀的智慧不足，只有頑固、護短、自私的性格，但仍外表溫和的人，但其外表長相也不氣派了。

並且有天梁化權在命宮的人，必有太陰化忌在財帛宮出現。有和金錢、儲蓄及房地產、和女性、雌性、陰性方面不和的現象。會錢財不順利、進財少、或有錢財上的是非。也會有頭腦不清楚的現象。

※『命、財、官』及『夫、遷、福』中有化忌星進入，都有頭

腦不清楚的現象，會在特定的事務上展現。

天機化權入命宮

丙年生的人有天機化權入命宮，天機化權居廟、居旺時，表示其人特別聰明，有機智，且能掌握運氣的變化，使之反敗為勝。但是天機化權帶有是非與災禍的內容，故其人必喜煽動風潮，愛鼓動別人，等引起是非或災禍時，再來趁機搶奪掌權的機會。是故天機化權坐命的人常崛起於是非與災禍之中，若是太平安、太平了，反而顯不出他們的能耐出來了。

天機化權居廟坐命於子、午宮的人，必有陷落的擎羊同宮或相照，表示其人較陰險，更善陰毒的機謀，一生中的鬥爭與競爭都十分激烈，他本人是十分好鬥，且多疑多慮，多是非，對人不信任，且有很多不好的想法的。而且擎羊是居陷的，常在造成重大是非之後，又容易受制而懦弱，自認為受委曲。受了委曲又想報負。因此心境上永遠不平靜，人生中也一直不平靜，起伏較多。

天機化權居陷坐命丑、未宮的人，是頭腦不清楚，聰明不足，但又自做聰明，常搞一些小聰明，想來掌權或掌握別人信任的人。但始終掌握不到。凡事愛管，但又管不好，更引起是非，在性格上更頑固，即使錯了也要做，愈做愈錯。

天機化權入命宮的人，表示加強其人生在『機月同梁』格方面的人生結構。因此必會做公務員或薪水族，而且在這種工作場所能掌到權，適應愉快，工作也會有發展。但能不能做大官，或有大富貴，要看八字組合而定了。一般天機化權入命宮的人，只是一般普通命格的人。在三合宮位中有『權、祿、科』俱在旺位的人，會有中等以上之富貴。

天同化權入命宮

丁年生的人，有天同化權入命宮時，表示其人能自然而然的享福，有好運，同時也具有超強的致福能力，當然這必須天同化權在旺位、廟位才行。天同化權居陷時，致福的能力差，且會和巨門化忌、擎羊同宮、或有擎羊相照，會無力致福且加強災禍的發生，其人會有傷殘現象和病弱的身體，一生無作為，且命短。

有天同化權居旺入命宮的人，一生都非常好命，可以偷懶，凡事都有人自動為他做好。也都會把好運、好事留給他。使他不操煩。同時這也是古時黃袍加身，能自然而得天下的命格。通常這種命格的人會出現在一個太平盛世，大家都不想爭了，而把這大位送給他坐。但有時候也會出現在眾人紛爭不斷、爭到後來，大家都筋疲力竭了，爭不動了，就有人會提議讓這個不爭的人來主導事務了。

天同居旺化權的人能平息紛爭，說話有份量，也能合情合理，非常公正、正直，不偏袒，也不拿回扣，是個剛正不阿，有為有守的人。就因為如此，就更能得到眾人的尊敬，眾望所歸。而且他們敢於擔當，不怕艱難。事實上，事情或紛爭到了他們的手上，就自然而然的服服貼貼、不搞怪了，也容易得多了。因此有天同化權居旺（包括居廟）在命宮的人，都是在人際關係上有協調能力，在工作上順利，適合做談判專家，慈善、災難救濟的人。在一般的社會結構中，此命格的人，也常出現在此類的工作崗位上。

有天同化權在命宮的人，在其『命、財、官』及『夫、遷、

福』等官位中就會出現巨門化忌，一方面表示會在工作或財運上接觸是非、麻煩。一方面會在其人心理上多糾結是非、多想、多疑、多慮的煩惱狀況，其人一生也是並不輕鬆和頭腦並不清楚的。但他們有平復災禍、是非的本能，只要『命、財、官』及『夫、遷、福』中的煞星不太多，在三、四個以下，不會黨煞會集，便仍能有成就做一翻事業了。但若命格中刑財、刑祿、太嚴重。命格中財太少，此人仍是一生勞碌，只在平息災禍、是非，而無法有大成就的。

天同居陷化權入命時，一種是和巨門化忌同宮，一種是和居平的太陰化祿同宮。

天同化權、巨門化忌同宮，必有擎羊同宮或相照，前面已說過，會有身體傷殘現象，也必有開刀現象，這是與生俱來之傷殘，全都和心理上的缺陷，和脊椎骨的傷殘有關，會有罹患癌症等問題。而且其人會溫和、懦弱，靠人生活。

天同化權、太陰化權在午宮居平陷時，權祿皆無大用。只是表面好看而已。同宮的還有祿存。表示其人性格保守，能有薪水族固定的工作，生活就會平順。三合宮位中於官祿宮尚有天機化科、天梁，是標準的『機月同梁』格加『權、祿、科』的格局。命宮還有『雙祿』格局，因此是比一般同陰坐命午宮的人命格高一些的，也會較平順一些的，只要做的行業好，也會有出息。但是其福德宮有巨門化忌，表示仍有頭腦不清楚的狀況，要小心多惹是非的問題。而且也不易成名。

天同化權入命宮的人，也不論旺弱，皆有加強其『機月同梁格』，做公職或薪水族的人生架構，其人一生的命運軌跡就是在為人工作的軌道上行駛運行。除非頭腦不清楚才會去做生意或不做事。能做公職的人，命格高的，也能做大官、有官職銜稱、十分風光。命格低的，只能做一般普通人。

天同化權居陷入命的人，能力及擔當能力都差，也無法平息紛爭，或為自己及別人致福，只能照顧自己的衣食之祿，或為自己找到吃飯的地方。

太陰化權入命宮

戊年生的人，有太陰化權入命宮，太陰化權居旺、居廟的人，表示長相美麗、氣派，非常會理財、管帳。也會存錢、對房地產有主控力，更能在女性社會、團體、場合能主控女性，能說服女性，對女性有管制、領導的力量。女性會對你服氣，願意被你管。並且此人也擅用感情力量、溫情主義來打動人心。其人敏感力特強，第六感特強。更能在人際關係上有主導地位，以及在愛情上有主導地位。有太陰化權居旺的人，在愛情上找到心儀對象時，從認識到戀愛起伏的一切運作，都掌握操縱的不露痕跡，十分會談戀愛。縱使分手，也能佔有主導權，不會吃虧。

有太陰化權在命宮的人，對女性的家人、朋友、部屬，甚至在外面不認識的女性；都非常有辦法，讓這些女人、女性、雌性、陰性的人、事、物乖乖的、服服貼貼的聽他的話。

但如果太陰化權和天機化忌同宮、相照，或在三合宮位相照守時，仍能對女性有主控力，及掌握錢財，但會頭腦不清，掌握不太多，以及根本自己不想掌握了。並且有自做聰明而耗損的現象。

太陰居陷化權入命宮時，表示財不多，感情淡薄，但仍想掌權管事，因此不容易管到。會感覺不靈敏，而一味固執的愛管。同時他也會在對女性的關係上多是非不和。因為不該管的管太多、該管的不管。以及在財權上掌握不到，是較窮，無財可管的狀況。但有此命格的人，仍會做管財的工作，只是做一些小公司或較窮機構的會計、出納工作而已。並且自己的薪水不高，房地產也不多，或房地產價值不高，也不算精緻。

有太陰化權在命宮的人，雖對女性有主導、主控的力量，但化權便是多管，會控制別人的錢財，在真實生活中，若此人是女性，她與女性的關係也不太好，女性會與她保持距離，敬而遠之。她只對男性有吸引力，因為命中財多的關係，而且她最喜歡的是事業好、有男性豪爽魅力的人。尤其是太陽坐命的人，對她特具吸引力。若此人是男性，反而有女性緣。女性都喜歡他、跟隨他，服侍他、聽命於他。就連雌性、陰性的動物、事務都對他服服貼貼。

有太陰居旺化權在命宮的人，對於和銀行交往也是非常有一套，佔有主控權和主導權的，因此在和銀行討論存款的利率和貸款的利率方面都是具有較強勢和優勢的主導權。因此條件會比一般人較好。而太陰居陷帶化權的人，則此方面的特質不明顯，也不能掌握此權益。

貪狼化權入命宮

己年生有貪狼化權入命宮的人，要貪狼居廟、居旺帶化權，才能主掌好運，掌控好運，促成好運機會。貪狼居陷帶化權必和居陷的廉貞同宮，則是愛與人爭奪機會，好搶好處，但人緣不佳，機會仍是少而容易不見了，因此只有凶悍有勇無謀而已。

貪狼居廟帶化權的人，必與居廟的武曲化祿同宮或相照，是『武貪格』暴發運最極高的層級，有極大的富貴與財富，但需格局完美，無化忌、劫空入門。否則也會不發及錢財、好運成空。

貪狼化權有增加好運，促使好運快爆發的力量。如果貪狼化權居陷和廉貞同宮，再有火星或鈴星同宮或相照的人，也能稍為增加暴發運的速度。但暴落的速度也會加快。

貪狼化權也有強力要貪心，達成貪心結果的力量，因此貪狼化權好貪、好爭，有凶猛意味。貪狼居廟帶化權時，因和武曲化祿同宮或相照，貪的是財、權、富貴和政治權力、地位。而貪狼居旺帶化權，會和紫微相照，貪的是地位、名聲、面子、享福。貪一切美麗、漂亮的事物，也喜歡漂亮的人。貪狼居平帶化權是和紫微同宮，坐於卯、酉宮，貪的是漂亮人、事、物，也貪桃花，男女情色之事，一生有感情問題、桃花不斷。而且桃花會影響事業發展。

命宮中有貪狼化權的人，佔有慾強，對於自己想望之人、事、物會竭盡所能的要佔有，絕不會謙讓。更會具有計謀的來攫取，不會心軟或放棄，他們意志超強，因是在『殺破狼』格局上，又帶化權，故也是更加強了命程中『殺破狼』運程的變化，容易一生中大起大落，漲落分明的人生格局。

貪狼化權入命宮的人，喜掌權，也容易接近政治，因此做軍警業的人也不少。在戰爭中運用貪狼化權居旺的人做統帥將領，容易打勝仗。因為他們的運氣特好，常不用打，對方自己發生問題而放棄戰爭了，這和破軍化權居旺的人，會打勝仗的狀況是不一樣的，破軍化權居廟、居旺的人會打勝仗，還一定必須要消耗、損傷後才會贏了，有時也會先有敗仗，最後才贏。故貪狼居旺帶化權的人命運比較好。

貪狼是運動速度很快的星。加化權後，更增加速度的快速運轉。速度更快，因此有此命格的人都較衝動，性子急，但外表是體面穩重的。而且他們會行動速度快，對於好運有靈敏的第六感，會快速的出擊、掌握致勝點而攫取獵物。

有貪狼化權在命宮的人，也是足智多謀的人，戰鬥力特強、精力充沛，能達成一切自己想做的事。但如果是他自己不想做、不愛做的事，他便不想動，像病貓一樣沒勁。

貪狼化權居旺時，主桃花方面的掌握能力，因此有此命格的人，能主導在男女關係上的情色事件。會不顧一切的追求自己所愛的對象。如果有新的對象出現，也會不顧禮教的束縛，喜新厭舊，丟棄舊愛，追求新歡。因此他們在更換戀愛對象方面也很迅速。如

果貪狼化權坐命的人能從一而終，一定是本身身體有問題或真的是找到此生中的最愛了。但這種狀況不多見。

武曲化權入命宮

庚年生，有武曲化權入命宮的人，最好是居廟位的武曲化權，則必有貪狼同在命宮，或相照命宮，此人會在政治上或財富上能掌權，並且其財富必也與政治有牽連而得到的。

武曲化權居平時，必和七殺或破軍同宮，都是『因財被劫』的格式，雖能掌握錢財，但劫財也劫得更凶。此命格的人多半做軍警業或在監獄，或從事法律、法官等行業。其人財不多，會是主貴的格局。在工作上多表現，會有成就、名聲。但其成就不是財富方面的，亦有可能在軍警單位管理財務。

命宮有武曲化權的人，多半與政治和錢財有關，也喜歡這兩方面的掌權力量。就算要他們去要債，也比一般人容易，對方也會付，或有條件來給付，絕不會空手而回。

命宮中有武曲化權的人很守信諾，長相氣派、勇猛、剛直，命中（八字）中財多的人才是真正有錢的人。若八字財不多，只會如一般薪水族的人。命宮中有武曲化權的人桃花少，因此能鐵面無私、守諾言。也因為太陰化忌均在閒宮如：『父、子、僕』和『兄、疾、田』上，不在『命、財、官』和『夫、遷、福』之中，才會在掌握財權上、感覺上，是非較少。

太陽化權入命宮

辛年生，有太陽化權入命宮時，是太陽居旺帶化權時，表示在

科祿權

事業上能掌權，會做老闆或高階主管、地位高人一等，亦表示其人長相特別氣派、份外豪爽，對男性有強勢的壓制能力，能管理男性，對於男性有主導權，對於雄性和陽性的人、事、物有主控和引導作用。同時也表示是在名聲和主貴的人生格局中會加強，此命格的人適合在白天工作，與公開的、在檯面上與男性做說服、輸導的工作，可佔上風及輸導成功。

命宮是太陽化權居陷的人，則事業上仍會起起伏伏，不夠順利和前途不夠明亮，居陷的化權力量不強。並且此命格的人，只能在晚間、夜間和人談判或溝通時，才會有所助益。稍微能掌握一下對男性的主控權及說服力。此命格的人心情多少有些鬱悶、頑固更甚，也不太接受別人的意思。容易把心事藏在心底，心中的黑暗面較多，但太陽坐命的人本身是寬宏、大而化之，凡事感覺不算靈敏之人，因此在內心中不會有陰險的想法。因此陷落的太陽化權，只是令其人心中鬱悶，提不起勁來，中年以後較懶惰而已。並且此命格的人還適合在檯面下掌權，做幕僚能發揮大成就、掌握到實際權力。若到檯面上來工作，便立刻受到攻擊，工作不長久了。

凡是太陽化權坐命的人，都適合做公職而得財。尤其形成『陽梁昌祿』格的人，會有加強『陽梁昌祿』的力量，會有更高的學歷，走向官職和政治方面。人生結構會高出一般人很多來。也會名聲大好，有富貴可言。

太陽化權、天梁同宮坐命在卯宮的人，主財官並美，前途無可限量。做公職有大官位，但因有文昌化忌，小心誤入歧途。在酉宮坐命的人，成就普通，但都具有貴人運，主有名聲。

太陽化權、太陰同宮坐命在丑宮的人，是較以主富為主的人生，也能暗中掌實權。坐命未宮的人，一生錢財較少，不富裕，但能主貴，做公務員有前途。

太陽化權、巨門化祿同宮坐命在寅宮的人，具有對男性的主控力和說服力，能以此得財，也會有成就。**命宮在申宮的人**。要看八字中財多財少而定命運的成敗吉凶了。因財、官二位皆為空宮，在事業上的掌握不強、易在中年以後怠惰，雖也有對男性的主控權和口才說服力，但多用途不在正用之上。

紫微化權入命宮

壬年生有紫微化權入命宮時，表示其人具有使一切平順，能掌握祥和與主貴的力量。其人在外表相貌上會特別體面、穩重，讓人尊敬，不會遇到不好的對待與惡言相向的境遇。其人也特別頑固，

權祿科

自命高尚，對自己的生活用度和用品要求要高水準，做事也會自我要求高。但是，必會有武曲化忌在財帛宮出現，因此會有錢財上的問題及是非。其人一生都在平衡和平復財務問題而做努力。

紫微是官星，因此有紫微化權入命宮的人，都愛做事業，喜做大官，或做老闆、負責人。但以做公職領薪水較佳。倘若沒有走對路，走對行業，或又從商做生意，則一生被錢財所困的時間長，且有起落，會負債累累而吃不消。

有紫微化權坐命的人，很喜歡講道理，大致也能說服人。只要不談財經問題，也多半能服眾，也能得到別人特別的尊敬和特別優質的待遇。一般來說，他們特別愛面子，稱老大，有事會獨攬擔當，尤其不喜談『錢』的事，會覺得那是銅臭或小人才談論的事，也是不合自己高貴身份的事。所以他們好像為人慷慨、不計較錢財。實際上有紫微化權入命宮的人也會較自私，注重自我享受。有時候更會自認是命格高的高等人，而妄顧別人利益，或對比自己職位低，及年紀小的人，或比自己能力差的人蔑視。有壓制別人，踩在別人頭上不以為意的狀況。

紫微居平帶化權在子宮入命宮時，化權也居平，力量不強。因此其人只是比一般人、頑固、強硬一些，致祥和的力量並不強。也會只是一般普通人的命格。因財帛宮有武曲化忌、天相，故有衣食之祿就不錯了，做一般的薪水族，較好。

紫微化權也代表在政治上有主控權，故入命時，易從事政治性的工作，或在政治場合工作。因此從公職做官，或參與政治在立法院、政府機構、做助理、顧問、機關職員亦算是。有紫微化權入命的人，都喜抓權，掌權，所以一定會得到某些實職的地位。

巨門化權入命宮

癸年生有巨門化權入命宮時，其人多半是嘴巴大或，或唇厚、嘴巴動得很快，好講話，講不停。其人會在言語上有煽動性，能有說服力、或鼓動別人做某些事，自己坐收漁利的狀況。

巨門化權居旺入命宮時，其人喜歡參加群眾活動，搞大的是非，來鼓動風潮，來得利。因此容易參加政治活動或選舉造勢活動。人多的地方他最會出現。就算是在家中他也從不閒著，也會搞些是非來得利。並且他們很知道自己的長處在口才，很能運用威迫利誘的方式來達到目的。

有巨門化權在命宮的人，好爭強鬥狠，有陰險之權謀。也特別會利用是非或災禍的問題來達到控制別人的目的。也會利用是非和災禍來得利。

科祿權

當巨門化權居陷時，仍然會利用口舌是非和災禍來得利，但是效果不彰，別人不一定會聽他的。因此他只是頑固的，想窮攪合和搞破壞而已。但不一定成功。

有巨門居旺化權在命宮的人具有主導災禍、控制災禍的力量，其人『命、財、官』及『夫、遷、福』中吉星多的人，煞星少的人，還能慈善的、有利於人群。煞星多的人，就是興風作浪之人，為害周圍的人甚鉅了。

有巨門化權入命宮的人，必用口才來做職業，如做推銷、保險經紀人，教育訓練師、談判人員、法官、律師等。有此命格的人會不怕麻煩，專門出現在問題多、是非多的場所，不以為苦。

化權星入財帛宮

當化權星入財帛宮時，表示在錢財上有主掌力量，化權星居旺時，其人也較會賺錢。亦表示其人在錢財上流通的能力很強、很能主導。而且其人喜歡由自己的意志來決定花錢的方式和賺錢的方式，是不容別人插嘴和過問的。**當化權是居陷在財帛宮時**，表示主導錢財的力量差，容易被迫花錢或被迫工作賺錢，也會較窮困、財少，或為錢財煩惱。並且在錢財的儲存上很難控制、存不住錢，會加速流失。

十種化權星進入財帛宮，就是十種賺錢和花錢方法，各不相同。

甲年生

有破軍化權在財帛宮時，居廟、居旺時，表示尚能賺大錢，會為錢財打拚，但賺得多也花得多，而且破耗的狀況很直接。其人在花錢上很豪爽，投資也很豪爽，很大。是一生賺得辛苦，花得痛快的人。你也會為要花的錢而去拚命打拚去賺。

有破軍居平化權和武曲居平化科同宮在財帛宮時，表示會用講究氣質方法賺一些小錢，賺錢不多，有些窮困，但卻強力要破耗，對破耗花錢有主導力量。而且大手大腳，花錢氣派，堅持要破耗。此命格的人多半有一個好配偶，否則就人生痛苦了。

有破軍化權居陷和居陷的廉貞化祿同宮為財帛宮時，還會有擎羊同宮或相照，此人會堅持在自己的癖好上強力要花錢破耗，不心痛。也容易在女色、情色方面破耗不心痛。但一定要本命財多，才

可能有大錢讓你花。如大畫家張大千先生就有此財帛宮，故能享受自己設計的美麗豪華庭園。命中財少時，是不會理財、窮困、有特殊癖好的命格。

有破軍化權和紫微同宮在財帛宮時，表示會打拚賺錢，但花錢破耗多，會買精緻物品，享受一流，而且花錢大膽，始終有錢花，也會找錢來花的人。但如果有文昌、文曲同宮或相照時，就是花錢格調高，但賺錢能力低的財運命格了。

乙年生

有天梁化權居旺在財帛宮時，表示會以名聲來賺錢，或是會有貴人來強力幫助你賺錢，或是有強而有力的貴人介紹你工作而賺到錢。此命格也適合做公職來賺錢，更適合做慈善機構的工作人員或

主管，領薪水來賺錢。也容易做宗教類的工作來賺錢，亦會做教職來賺錢。你一定會在事業上有所打拚，而有一定的薪水資財。

天梁化權居陷時，你所賺的財不多，也無法得到別人為你介紹的工作。做公職、職位也不高。做教職、公職會有起伏或斷斷續續不長久的狀況。做宗教和慈善事業的工作，也會有一票，沒一票的做，賺錢不多。

丙年生

有天機居廟、居旺帶化權在財帛宮時，表示其人是靠聰明才智來賺錢，適合做設計、變化多端的或用腦的工作。但你必是薪水族的一員。你不適合做生意，否則必有損耗。你特別會在財運上掌握時機而得財，也會賺外快來得財。機會好時則財多，機會差時則財少。你也會管錢或喜歡投資，但仍不適合做投機取巧的事，以防有破耗。你特別喜歡買股票賺差額。

天機化權居平、居陷在財帛宮時，代表錢財不順的速度快。而且起伏多變，你常喜管錢，但總管不好，易遭災，損失。宜有固定薪水之工作，會平順。

丁年生

有天同化權居廟、居旺在財帛宮時，表示在錢財上有平順享福的力量。而且一生錢財夠花，不是大富，但仍富裕，沒有煩惱。你在錢財上能自然而然的掌握，會有家財或固定的好工作職業讓你得財，一生平靜無波。就算是有財務困難的團體、機構，請你去幫忙理財，你也能有辦法轉虧為盈。

科祿權

有天同居平化權在財帛宮時，表示錢財不多，但仍過得去，你所掌握的財福不多，會為享樂、享福而多花錢，儲蓄較少。

有天同居陷帶化權在財帛宮時，會和巨門化忌同宮，表示錢財多困窘是非，一生錢財不順，亦會頭腦不清，不會賺錢，花錢也沒腦子，會靠人過生活。

天同居陷化權和居平的太陰化祿同宮在午宮為財帛宮時，表示財少、能享受的財福也少，手邊能運用的錢少。有工作就有衣食之祿，做薪水族仍可有低薪過日子，平安就是福。

戊年生

太陰化權居廟、居旺在財帛宮時，表示在工作上有固定的、豐厚的薪水可拿。特別會理財及掌控財。會做管帳、管財務的工作。

或有利息收入或房租收入。本人儲蓄的財多。一生錢財順利。女性也能幫你生財。

太陰居平、居陷帶化權在財帛宮時，表示強力愛管錢，但管不到。一方面是財少沒得管。一方面是管不好，常有疏失，或耗財凶，入不敷出。女性對你無助益，不幫你生財，反而耗財，或阻礙你得財。

己年生

貪狼居廟、居旺帶化權在財帛宮時，表示在錢財上能掌握好運而發財。一生賺錢容易、機會多，好運無限。並且你在錢財上很貪心，永不滿足，因此會一生操勞愛賺錢。並且你也很會花錢，自有主張的花錢。倘若財帛宮還有居廟的武曲化祿同宮，或居旺的武曲化祿在遷移宮的人，都會具有大財富，一生都能過富裕的生活，不為財愁。

貪狼化權居陷時，會和廉貞同宮，表示好貪、愛掌財權。但運氣不好，人緣不佳，機緣少，只是好貪而已，卻無法有那麼多賺錢的機會。有此財帛宮的人，會想錢想不到，會投機取巧。雖然其人命宮有武曲化祿、七殺，但仍財少，又『因財被劫』，且『祿逢沖破』，為人較油滑。『權祿』皆在平陷之位而無用。

庚年生

有武曲居廟、居旺帶化權在財帛宮的人，是真正能掌財權，具有財富的人。其人一定會做與錢有關，或與政治有關、賺錢多的工作。也會在理財上有一套使財富增加的特殊能力。是故某些人會做與銀行、金融、金控有關的工作。也會做放高利貸之類的工作。所賺的錢財比較大。此命格的人也適合做生意，會經營有大資本的生意。此人在花錢上較小氣，會輜銖必較，也會有勢利眼。但武曲化權居廟、居旺與天空或地劫同宮時，亦要小心財空及權空的問題。此人就沒有想像中的富裕了。為人會不實際，而且理財能力也會不佳了。

財帛宮有武曲居平化權和七殺同宮時，會有擎羊同宮或在對宮相照，這是做軍職來掌公家的財權，但也不見得做得好的命格。也是做政治性或爭鬥性強悍的事業工作來掌財權的命格。例如：某些做律師、法官的人，或在軍隊中管小財務的人，會有此財帛宮，但所管的錢財也不多。而且競爭激烈，或遭人非議，自已始終沒有好財運，在工作上也不會有大發展。亦可能工作不長久，常有斷糧之虞。

財帛宮有武曲居平化權和破軍同宮時，亦是在軍隊中管理軍需、軍餉等管理財物之命格。這也是『因財被劫』的格局。或是靠政治類的工作賺錢不多，愛管錢但不一定管得到，財少或因政治爭鬥多而錢財不順的工作。凡有此財帛宮的人，仍然愛管錢和掌握財權，但耗財凶，及強勢愛賺，財運仍不豐，只適合做薪水族而已。

科祿權

辛年生

有太陽化權在財帛宮的人，太陽化權居廟、居旺時，表示會掌握工作、事業有成而財運非常好，亦會有來自長輩和家產方面的財運。但本人仍是做公職或薪水族的財。亦會有因出名，有大名聲而能得財。一生財運好，可掌握家財，在家中有地位。亦會在職位上有地位而掌權。

有太陽居陷帶化權在財帛宮時，表示財運不好，常斷斷續續，但可賺暗中、私下的、檯面下的錢財。其人亦會在家中或工作上暗中管理錢財，但此事公開後，便會遭人撻伐、攻擊，有是非。你手中的財不多，常想管而管不到，適合做公職和薪水族，錢財才能順利。

壬年生

有紫微化權在財帛宮的人，表示你能使債務平復，錢財順利。因為你的官祿宮中必有武曲化忌。故事業上會有錢財糾紛和問題。一生中必有重大的財務危機，是故你能在災難後平復，也能找到錢財來還債。你不一定要工作，亦可在家中做股票，或做投資者，心

科祿權

不要太大，過一般的日子便好。你的命宮在子、午宮有擎羊同宮或相照，是『刑囚夾印』的格局，故你會懦弱不堪，一生有錢可花就好了，很可能是靠他人度日的人。

財帛宮有紫微居平化權、擎羊在子宮的人，表示財運並不順利，也會起起伏伏，表面上能掌財權及有財可進，但實際不順利、常中途被人劫財或阻礙了管理錢財的權力，因此表面看起來還不錯，又好像能支配到錢，但實際是財少，不太多又花不到，又被人管制，是有些辛苦、懦弱的狀況。

癸年生

有巨門居廟、居旺帶化權在財帛宮時，表示可利用強勢的口才向別人要錢來賺錢。例如做收費員、銀行收帳員。有此命格的人，

權祿科

收帳會輕鬆收得到。又表示會利用口才上的能力來賺錢、花錢，例如在學校教書的老師有此命格，會做訓導主任。在公司、機構做接待員，或是做企業培訓員的訓練師，或做外勞仲介公司的職員、老闆，都會具有這些命格。凡是要用講話來命令別人，管束別人，使之聽話、能溝通的行業。凡能使你賺到錢，靠此吃飯的行業皆屬之。並且也是口舌是非多，或災禍多的行業，仍會靠控制和平息這些問題的行業來吃飯賺錢的工作，例如客服人員，接線生等等。就算專職的救火、救難人員有此命格，也容易消除災難、救人於即時，因為能掌握災禍之故。

有巨門化權居旺、居廟在財帛宮的人，多半是父母較有錢或有家財，因此會用口才向家中要錢，而且一定要得到。

有巨門化權居廟、居旺在財帛宮時，你不會很有錢，而且錢財必經曲折的過程到你手中，你是『機月同梁』格的一員，必須天天上班領薪水才行。但你有其他的本領，例如會借錢、會賺外快之類的找錢方式，因此想要錢就有錢了。但不會理財，會常有金錢困擾，但能夠應付。

巨門化權居陷在財帛宮時，表示想要錢、找錢，是非口舌及不愉快的事情多，在工作上也是是非多，不好管，管也管不著，或管不好，錢財常起起伏伏、斷斷續續，不順暢。花錢時又常破耗，不會理財，有金錢困擾，難以打平。化權為無用。

化權星入官祿宮

化權星入官祿宮，居廟、居旺時，在工作上能掌權做主，且打拚奮鬥的力量強盛，有意志力，會事業有成就。能有高等的職位，亦容易出名。也會管理眾多的部屬。在收入上會較高。

化權星居平、居陷入官祿宮時，表示在工作上想管，但力量不足，管不到，或大權旁落，或是該管的不管，不該管的要多管。其人性格頑固，解決問題的能力不高，而且主導、企劃事務的能力不佳，工作運不好，會加速工作上斷斷續續，做不長久的狀況。

十種化權在官祿宮中，代表十種工作模式、職業模式、與十種不同的成就層次，並包括十種智慧高低的層次。

甲年生

有破軍化權在官祿宮時，破軍化權居廟、居旺，表示你在工作上很打拚，什麼工作都可以做，而且會用十二萬分的心力做，愈複雜或破爛的、繁瑣的工作做得愈好。你的事業會有成，而且你在工

作上膽子大，敢於做大筆投資，敢於把錢砸下去而不皺眉，在事業、工作上你會有氣魄。但事業會有高低、成敗，也會大起大落。不過你始終環境好，無論成敗你都撐得起來。例如現今高科技、電腦業中有許多老闆便是此命格的人。有文昌、文曲相照時，工作賺不到很多錢。

有破軍化權居陷時，會與居平的廉貞化祿、擎羊同宮或有擎羊在對宮相照。此官祿宮多半會做軍警業。也可能會不工作，或工作斷斷續續，做一些和傷災、血光、災禍，或破爛不堪但和癖好有關的行業，例如古董業、酒店等的行業。其工作上並無大發展、大成就，但會在財運上常一筆一筆的賺，財運還可以。有文昌、文曲同宮或相照時，工作賺不到什麼錢，也容易失業、不工作。

權祿科

乙年生

有天梁化權在官祿宮時，居廟、居旺時，表示在事業上你會很聰明、有智謀，會做有名聲響亮的工作，也會是文職的工作。更會有貴人提拔你，介紹你工作，同時你也容易做照顧別人，引導別人思想的工作或在學術機構工作，或在宗教及慈善機構工作，你的前途大好，但仍是薪水族的工作。

有天梁居陷帶化權入官祿宮時，表示你在工作上的職位不高，或是有職稱但無實權、擺著好看的工作。你的貴人運不佳，無法得到經人脈關係介紹的工作，或是介紹人不得力介紹不成。你可能也會在學術界、宗教界或慈善界工作，但永無成名之日。你更可能常不工作，或斷斷續續工作不長久。或愛管不管，工作做不好，一生氣就辭職。

官祿科權

丙年生

有天機化權入官祿宮時，天機化權居廟、居旺時，表示你在工作內容上的變化多端，你是用聰明才智和不斷變化的思緒來工作賺錢的。你會因聰明才智、才華好而出名，事業有成就。你在工作上的應變能力也很強，什麼工作都會做得好，掌握得很好。常是愈做愈聰明，潛能無限發揮。你適合做設計、企劃或像新聞記者等工作，會使你新鮮有趣，信心十足。

有天機居平、居陷帶化權入官祿宮時，表示在工作、職位上有小聰明，但職位不高，偶有掌權升級的機會，但在工作上愛管不管，奮發力也不算強，通常工作會不長久，斷斷續續，或一直在做，上司把事情給你管，但不給你升職或加薪，事業常停滯不前進，一生也無法成名或有大成就。

權祿科

丁年生

有天同化權入官祿宮時，天同化權居廟、居旺時，表示你的工作穩定，會按時的升級、加薪，工作平順，自然而然的管事、管人。到了一定的時候，就會有高職位和名聲，一生不必為名利之事煩憂忙碌，十分命好。一生都是按部就班的讀書，然後工作，十分順遂。

有天同居陷帶化權入官祿宮時，必會和居平的太陰化祿或居陷的巨門化忌同宮，此二種官祿官皆代表在工作上沒發展，常無工作，或斷斷續續，做不長久，常做臨時的工作。其人在工作上能力差，只想享福偷懶，又常有是非發生。

有天同化權、巨門化忌、擎羊在官祿宮的人，是智慧上有問題而無法工作的人。

戊年生

有太陰化權在官祿宮時，太陰化權居廟、居旺時，表示是公務員或薪水族，具有高薪，或在銀行、金融機構上班，會管理財務之人。亦表示工作的內容會和管理女性有關或管理房地產有關。你在職務上會做管理階級，會高人一等。自然在薪水上也會豐厚，會有積蓄，讓你滿意。你亦會運用柔性、感性的情感特質來工作。例如在學校做主任、主管階級來管理女老師們等等。

有太陰居平、居陷帶化權在官祿宮時，表示是錢財少，或管不著錢的工作。你也會常工作不帶勁，做事不長久，或上司給你繁雜的工作，卻薪水低、又無權力管的工作。因此你在工作上想加薪、升官的機會不大，化權而無用。

己年生

有貪狼化權在官祿宮時，居廟、居旺時，代表在工作職位上常掌握好運。並且能掌權、能打拚，運氣一流，升官加薪都快，且能賺大錢，有好的機會發達，如果有『武貪格』在夫、官二宮的人，定會爆發暴發運，有意外賺大財、或成大業的好機會，一生大起大落，功成名就，成績傲人。

有貪狼化權居陷在官祿宮時，是和居陷的廉貞同宮，適合做軍警業、會事業平順。但職位和薪水仍不高。做其他的行業則斷斷續續不長久。且好掌權而掌不到，工作上無好運機會，只是好爭而已。

權祿科

庚年生

有武曲化權在官祿宮時，居廟、居旺時，表示在政治上能掌權亦能發財掌財權，亦表示在金融界能掌財權或是有高地位，掌握金融機構，或掌握最賺錢的機構。如果在軍警機構工作，亦能掌權或管理財務，管的是大錢。一生不為財愁，都是有權有勢、有錢的人。

有武曲化權居平和七殺同宮在官祿宮時，代表做武職、軍警業較好，能具有稍好的薪水，較可平順。在文職中工作，則地位不高、管不到人，好鬥，工作不順，化權無力。

有武曲居平化權、破軍同在官祿宮時，代表做軍警武職好，會稍有地位，能管理軍需用品，或做發放薪資、物品的工作。在一般文職中工作，會地位低、薪水不豐，生活較清苦，亦會管不到人和錢，工作辛苦、雜亂。化權無用。

辛年生

有太陽化權在官祿宮時，居廟、居旺時，表示在工作上容易處在有權力的男性多之場合中工作。自己也容易在工作上掌權，並且事業大好，蒸蒸日上，前途光明，會有名聲、有權位，富貴雙收。在工作上你也特別容易管到男性，做男性的領導人或主管。你與權力階級靠近，與老闆靠近，因此特別會有掌權或地位增高、升官等現象。

當太陽化權居陷在官祿宮時，表示在工作上，你可做暗中掌權的工作，或做夜間工作，會有大發展。你的事業型態不明朗，容易有起伏，或無法名聲響，或用別人的名聲來賺錢、躲在檯面下來暗地努力。有時候工作也會斷斷續續或不起勁，無後繼之力，你會在晚間具有權力，在私下能說服男性，對男性有主控力。因此極容易做如幕僚型態的工作，否則就會不順利，或不長久。

科祿權

壬年生

有紫微化權在官祿宮時，居廟、居旺時，表示在工作上無往不利，能做大官、掌大權、做大事。會做政府公職人員或做主管階級或企業、財團負責人。會自然而然的掌大權，也會工作高尚，賺錢多，有大成就，能出人頭地，富貴皆有。事業平順而有名聲。

有紫微化權居平在官祿宮時，表示在工作上只是一般的平順，工作能力尚好，也能當老闆或負責人、主管階級，但規模較小。能掌權，但管的人不多。工作內容普通，賺錢也不算多，還過得去，成就也普通。解決問題的能力也普通。

癸年生

有巨門化權在官祿宮時，居廟、居旺時，表示你在用口才吃飯這一行的工作能力特強，可事業有成就。並且工作中必會用口才來工作，有支配人、發號司令的能力。也能說服人，與人溝通或愛訓人的能耐。因此你在工作上運用說話能力來工作是很出名的。另外，你也有解決紛爭或解決災禍的能力，並能靠此而升官。你適合做推銷員、教師、公關、保險經紀、法官、律師、訓練營導師，選舉助選員、節目主持人等工作，可以靠口才掌握到權力。打官司都容易贏。也容易靠口才成名。

有巨門化權居陷時，表示你在工作上是光說不練，且容易爭權爭不到而是非多，管人管不到也是非多。並且容易工作不長久，斷斷續續，或事業上常有糾紛，口舌是非嚴重，使你在工作時煩惱而不起勁。因此無法有實權或無法有成名之機會。

第二節　化權星在『夫、遷、福』對人之影響

化權星在『夫、遷、福』等宮時，表示頑固的心態，和強盛的意志力是由外界環境，或由內心慢慢滋生，才進入人的內心中，而影響人的，不是人與生俱來的強勢力量，是後天培養的強勢力量。這種力量也有強、有弱，或有時出現，有時隱晦不明，要看化權星的主星為何，亦要看旺弱強度才能定其對人的影響深淺了。

十種化權星在夫、遷、福等宮位中，各有其不同之意義。

化權星入夫妻宮

甲年生

夫妻宮有破軍化權居旺時，代表配偶性格強，且凡事要做主，很會打拚奮鬥，氣勢強，但事業有起伏成敗。好的時候還是多的。更代表在你的心中就特別喜歡有霸氣、意志力強，愛工作打拚，氣勢強悍，即使破耗而在所不惜，不畏艱難，也不被禮教所束縛的人。因此婚後你們會有價值觀的不同，配偶強力要破耗，計算能力不好，花錢、耗財多，你也管不住他而覺得痛苦。也可能因此而離婚。

夫妻宮有破軍化權居平和武曲化科居平同宮時，代表配偶做軍警職好，收入雖不多，但能在軍警機構理財掌財權，但仍破耗多，入不敷出。而且你本身也是心態上愛管錢，愛花錢，常賺不到那麼多，而東拉西湊的人。

夫妻宮有破軍化權居陷和居陷的廉貞化祿同宮時，會有擎羊同宮或在對宮相照，表示婚姻不美，會不婚或離婚多次。不婚的人，是因自己內心有特殊的癖好，可能喜蒐集東西之類的。容易離婚的人，內心癖好是喜好色情之事。

乙年生

夫妻宮有天梁化權居廟、居旺時，代表配偶與你相差的年紀大，會年長你許多，配偶性格霸道，但會照顧你、對你好，你會在有些方面接受，但在有些方面抱怨。有時也會起口角糾紛。但大致上還是好的。在你的內心世界中，你就喜歡如此照顧人的人，也喜歡有責任心，稍為自私，只管自己人的人，你很可能沒有工作能力，必須靠人過日子。

夫妻宮有天梁化權居陷時，表示配偶性格頑固，照顧你不周全。你得不到好的照顧，夫妻感情易生變，聚少離多較好。實際上也容易聚少離多。在你的心中不愛別人管，但又希望別人來照顧你，常抱怨。

丙年生

夫妻宮有天機化權，居廟、居旺時，表示你的配偶非常聰明，有能力、有機智，且能制服你，使你臣服，而且他在工作上也能有

成就，能掌握變化而成功。他是薪水族的人，但工作順利，容易升官，會東跑西跑的工作。在你的心中就是喜歡特別聰明的人，而且不聰明便不能得到你的青睞好感。你本身也十分聰明，會利用掌握機會來圖利自己。

天機化權居陷在夫妻宮時，表示配偶有小聰明，又頑固，工作常有起落，亦可能斷斷續續做不長，成就不好。在你的心中亦常有運用小聰明而吃虧的狀況。

丁年生

有天同化權在夫妻宮時，居廟、居旺時，表示配偶是溫和、世故，又有些頑固，但好命，好運的人，會對你在生活上管制、照顧，但不會讓你討厭的人，因此夫妻間感情彌堅。在你的心中，也是喜歡溫和又有能力的人，也知道如何和你相處，是適合你的需要的人。

有天同化權居陷和居平的太陰化祿、祿存同宮在夫妻宮時（在午宮），代表配偶表面溫和，但錢財不豐，也能力差，只能賺吃飯的錢。常很保守，也會存錢，但仍不豐足。在你的內心中只是溫和，頑固，但用情很少，只有表面對人好，但無實質利益給人。

有天同化權居陷和居陷的巨門化忌同宮在夫妻宮時（在丑宮或未宮），還會有擎羊同宮，或在對宮相照，表示配偶是懦弱，頭腦不清的人，事業也無著，做不長久。你可能無法結婚，或有破損的婚姻，亦或有殘障的配偶，一生麻煩多。更表示在你的心中，是懦弱、是非糾葛的。你自已也會是縮頭縮腦，內心不健全的人。

戊年生

有太陰化權在夫妻宮時，居廟、居旺時，表示配偶可能在金融機構或房地產公司，亦或是錢多的地方上班，亦表示配偶在賺錢、存錢方面有天賦，賺錢多。亦表示家中財政大權落在配偶身上，你是管不到的。同時也表示你在內心的心態上要找一個會管錢、會賺錢的配偶。同時在你的心中也非常明瞭運用感情來約束人的方法。

太陰化權居陷在夫妻宮時，表示配偶不富裕，較窮，但仍愛管家中財務，但管又管不好，夫妻間會有口角產生，亦表示在你的心中也是心窮、霸道，付出感情不多，但要回收很多的人。

己年生

有貪狼化權在夫妻宮時，居廟、居旺時，表示配偶之性格強

科祿權

悍、霸道、是無法溝通的人。你容易晚婚，或找了很久才找到此人，但仍溝通不良。在你的心中也是具有這種霸道，強硬，不願溝通，自以為是的觀念思想。

有貪狼居陷帶化權在夫妻宮時，必與居陷的廉貞同宮，表示配偶是品行不佳，粗暴，凶悍之人，夫妻間常大打出手。也會離婚多次，婚姻不美。但配偶做軍警業會稍好。亦表示在你的心中會懦弱，但又喜歡性格強的人。

庚年生

夫妻宮有武曲化權居廟、居旺時，代表配偶性格強，霸道，一板一眼，會掌握經濟、錢財之大權，配偶也會在政治方面工作，或在金融機構工作，薪水高、財多，但脾氣不好。同時在你的心中也

會有強悍，不通融，以錢財為重的觀念。

夫妻宮有武曲化權居平時，表示配偶性格強硬、頑固、財少、賺錢不多，工作辛苦。同時在你的心中也財少，用情不多，脾氣又臭又硬，根本夫妻難配合相處。配偶以做軍警業較佳。

辛年生

有太陽化權在夫妻宮，居廟、居旺時，代表配偶是性格豪爽、愛管人但事業有成就，有大男人主義或大女人主義的人。他也會是只管大事、不管小事，喜歡當權做主，不會扭扭捏捏，乾脆、有主見、主觀意識強、頭腦清楚、有名望的人。更是注重名聲，愛面子的人。同時在你的心中也是喜歡做主觀意識的想法，愛面子，也愛名聲，也喜歡掌權管事、管人。你也會小事不計較，只重大事。你和配偶的脾氣都不太好。

有太陽化權居陷，在夫妻宮時，表示你的配偶是內向性格，但頑固，愛管人、管事的人，但常無人肯被他管。因此常生氣，有是非糾紛，否則就抑鬱不開心。他在事業上也並不順利，有起伏的狀況，或是無法具有名聲，但仍可稍具地位。你在內心中也常抑悶，不開朗，想要做事負責任，但常有狀況出現，使你一直不順利。你在私下裡暗中較有自主權，你自己也是頑固內向的人。

壬年生

有紫微化權居廟、居旺在夫妻宮時，代表配偶有極高的權力、地位、是主貴格局的人，亦或是配偶出身權貴之家族，你也會做貴夫人或因妻得貴。配偶對你很好，能給你優渥的物質生活和地位。

但配偶性格會霸道、頑固，你不見得能和他溝通。你在內心中也是崇尚權力、地位的人。反倒是在錢財上不會擁有很多。你的錢財會在配偶處。

有紫微化權居平在夫妻宮時，會有擎羊同宮，表示配偶成就不高，又有霸道、陰險之性格，和你相處不佳。也容易晚婚。你自己內在感情也是自命不凡，自命高尚，但不實在的人。

癸年生

有巨門化權在夫妻宮時，居廟、居旺時，代表配偶有辯才和說服能力，又霸道，性情古怪，你們之間常有口角爭鬥不停息。夫妻間好的時候很好、壞的時候，爭鬥凶而殘酷。配偶會支使你做事，或不好的對待。夫妻在結婚前就是非很多，結婚後依然不平靜。你自己的內心中也是如此多是非、好辯的狀況。

有巨門化權居陷在夫妻宮時，夫妻感情不佳，常吵架打架。配偶是品行不佳、性格怪異之人。你自己的心中也常是非不明，錯的可容忍，對的又反彈。

化權星入遷移宮

化權星入遷移宮時，表示出外能掌權，或受人敬重，說話、做事受人看重。也會凡事有主導能力，但一定要居廟、居旺的化權星才有用。居陷的化權星仍是無法受人尊敬和能掌握到機運、權力的。

甲年生

有破軍化權居廟、居旺在遷移宮時，代表在外面有打拚能力。而且在你的生長環境或生活環境之中就有許多問題會激勵你去打拚。在你的環境中也多破耗和一些須要改革的事情。因此你會奮發有為，喜歡賺錢，來應付過多的破耗和消耗。

有破軍化權居陷在遷移宮時，必與廉貞化祿同宮，還會有擎羊同宮或相照，表示在你周遭的環境是破破爛爛讓你頭痛，而且某些事是外力造成，或是有不良癖好造成的狀況。你的環境窮困，賺錢少，身體亦可能傷殘，故消耗多而人生不順。

乙年生

有天梁化權居廟、居旺在遷移宮時，表示在周圍環境中就有長

權祿科

輩在強力照顧你，使你的運氣好，無憂無慮。並且你在外所遇到的長輩、上司、長官、師長，或女性時，你都對他們有緣份和具有說服力、主控力，讓他們對你有好感，會照顧你。同時，你也會很有力的照顧你自己周圍四周比你年紀小的人。另外，你也會生活在有名聲，有地位的環境之中。也容易生活在宗教信仰機構、或慈善機構工作，亦或是學術機構、學校或照顧及收容機構工作。

有天梁化權居陷在遷移宮時，你本人比較懶，愛享福，性格頑固，但你周圍的環境並不是一個可以讓你享福的地方。環境中對你的照顧不周，管束較多。同時你也不會管別人，或是雖愛管，但管不好。你也會在教職或宗教、慈善等工作崗位上，但一生無法成名，或有權力，你沒有貴人運。

丙年生

有天機化權居廟、居旺在遷移宮時，表示在你周圍環境中是一個變化多端，隨時會有好運起伏變化的環境，你周圍的人都非常聰明，會掌權，又會利用機會往上爬。你也喜歡跟聰明的人為伍。你的環境也是薪水族的環境，但可利用機會翻身、有成就。你的周圍環境也會是個資訊迅速要時持接受新知識的環境。

天機化權居陷在遷移宮時，表示在你周圍環境中是環境差，愈變愈壞，常有問題、是非與災禍發生的環境。你周圍的人也都是有小聰明，但愛搞怪，沒辦法幫助你，只會扯後腿，需要你照顧，你想照顧但又無能為力，管不好的環境。你在工作上也是屬於薪水族的人，而且職位較難升級。

丁年生

有天同化權在遷移宮，居廟、居旺時，代表你周遭環境是溫和、自然的環境，而且命好、運氣好、地位高。環境中有慈祥，會照顧你的人來幫助你、尊重你。你也對周圍的人有祥和的領導能力，能使別人會聽你的話，臣服於你。你的生活環境好，很能享福，要什麼有什麼，從來無缺憾，一生富足尊榮。

有天同居陷化權在遷移宮時，必會與居平的太陰化祿、祿存同宮，或與巨門化忌同宮，前者是窮困，財不豐，勞碌的環境。後者是有傷殘現象的環境，因此生活上有痛苦、煩惱。

戊年生

有太陰化權居廟、居旺在遷移宮時，代表你周圍環境中有女性長輩在照顧你，也代表在你的環境中是有女性掌財權的環境。更表示在你的環境中很有家財、很富裕，存款多、或房地產多。並且周圍的人會溫柔又威嚴的對待你。你也會一生中掌握財富，很會理財、存錢。你也對女性有主控權。女性和你是相輔相成的，既管束，又對你有利。

有太陰化權居陷在遷移宮時，表示你周遭的環境財少、感情也淡薄，會有長輩對你愛管又管不到或不管，你想管錢也是想管又管不到。環境中的人對你的感情也都是較淡薄，尤其是女性還愛管你，令你並不爽快。

己年生

有貪狼化權在遷移宮時，居廟、居旺時，代表你一生有好運，會掌握好運。而且一生中還有多次暴發運，你本身是武曲化祿坐命的人，或是有武曲化祿同在遷移宮的人，因此，財富還不少。你雖很會賺錢，人際關係表面很好，但實際上你和人是關係不深的，而且你容易好爭，使別人有些怕你。你具有好運機會來掌權，也易升官，或做生意賺大錢。一生忙碌停不下來。

有貪狼化權居陷，在遷移宮時，必和陷落的廉貞同宮，表示環境很差，周圍的人都是討厭、沒人緣又愛爭來爭去的人，並且你自己也是這種好事爭不到，壞事你也不想要的人。所以你還是想掌權而掌不到權力的人。

庚年生

有武曲化權居廟、居旺在遷移宮時，表示周圍環境中就是有財

科祿權

有勢、能掌握財權的環境。你一生富裕，想賺錢、花錢都意志堅強。賺錢如探囊取物一般。你也容易擠身在政治環境之中，且具有地位，掌大權。

有武曲化權居平在遷移宮時，表示周圍環境中是凶悍、財少、窮困、有強勢武力在威脅你的環境。你也一生賺錢辛苦，終生為賺錢而努力。你也較容易進入軍警業中工作。

辛年生

有太陽化權居廟、居旺在遷移宮時，表示周圍環境中是男性當權主政的環境，也是以事業為重的環境。並且有男性長輩在當家做主的照顧你。你會性格氣派、有威嚴、爽朗，凡事有主見而頑固。你也會在事業上有成就和有名聲，一生都高人一等的過生活。並且

科祿權

你對男性有影響力，可對男性有主控權、說服力。一生主貴。男性會幫助你的事業，對你有利。

有太陽化權居陷在遷移宮時，表示在你周圍環境中，是男性在暗中使力掌權的環境。你周遭的男性也易性格內向、固執、話不多。你的事業會有起伏，不完全順暢。你只能在檯面下掌權，無法在檯面上有力量，也無法成名。

壬年生

有紫微化權在遷移宮居廟、居旺時，表示你周遭的環境是富裕、地位高、有實權的環境，也是什麼也不用愁，一切會自然平順，有人會為你做好，讓你高高在上，很尊貴的享福的環境。但你的福德宮會有武曲化忌，故你天生理財能力不好，命中的財祿並不

是太多，只是過比一般人舒適的日子而已。這也表示你會生長在高官厚祿的家庭中，受長輩蔭庇過日子。

有紫微居平在遷移宮時，表示你周遭的環境只是普通一般的小官宦人家，財富也並不太多，但長輩會蔭庇你。

癸年生

有巨門化權居廟、居旺在遷移宮時，表示你周圍環境中是騷動不平靜的，而且常有人用嘴巴在支配你行動的，對你呼來喝去的。亦表示在你的環境中多是非口舌，而且可用是非口舌來顛倒黑白的。同時在你周圍環境中的人，也是口才好，容易發號司令，具有辯才，具有煽動力的人。你也會受到感染而具有這些能力而牙尖嘴利。

巨門化權居陷在遷移宮時，表示你周圍環境中多是非災禍，而且有加強的趨勢。你周圍的人也是紛爭不斷、問題很多。你總是想用口才來解決它的，但是非口舌愈搞愈凶。

化權星入福德宮

當化權星在福德宮時，表示你天生就具有掌權的力量，會在性格上特別強硬、頑固，對特定的事務有一定的頑固要管，要強勢插手的狀況。自然你也會在這些特定事物上會享受到很多利益。如福德宮有武曲化權居旺時，你就一定頑固的要管錢、掌財權，或管政治意味的事，自然在財富增多方面、在政治權力方面就會得到的較多了。

甲年生

有破軍化權居廟、居旺在福德宮時，表示你天生愛打拚，愛改革，也愛買東西，耗財凶，喜歡自己做主買東西，也喜歡創業或以投資來賺錢，但問題總是你會先破耗、花大本錢之後才能在打拚、改革、或創業成功。但不一定會投資成功。你一生意志力強，主觀強，不會聽別人的意見。也較不能過普通人平順但平凡、無聊的日子。你會份外操勞辛苦、謹慎，絲毫不馬虎，用心於事業上，是一個精神不能放鬆的人。時時刻刻在打拚，在動腦子。只要身體狀況好，一生的成就大。若身體狀況不佳的人，便是命中財少的人，尤其是**有破軍化權和文昌、文曲同宮時**，是愈打拚、愈窮，愈忙碌，愈無福可享的狀況，因此破軍化權在福德宮是有害而無利了。**破軍化權居陷在福德宮時**，是更操勞、窮困的命格，或是有身體上的疾病、傷殘需注意。

科祿權

乙年生

有天梁化權在福德宮，居廟、居旺時，表示你是天生穩重、頑固、霸道、喜掌權和具有長輩緣，能得到照顧，而且在本性上又具有權謀、具有口才，能掌握長輩、上司心態，能把握升官機會，一心向上竄、向上爬，對名利不餘遺力的人。最後你終會成名。

天梁居陷在福德宮時，你很頑固，強烈的表達不喜歡人家來管你，也沒有上司緣、長輩緣和貴人運。你會靠自己打拚來成功，但成功的路子較遙遠、較慢。

丙年生

有天機化權在福德宮時，居廟、居旺時，表示你天生聰明，會利用聰明來掌握運氣的變化和人際關係中的巧妙運用。你是自以為

聰明的人。並且你也會有好知、好奇心、有特強的求知慾，青年、中年都很辛勤勞苦，晚年才會享清福。

有天機居平、居陷帶化權在福德宮的人，表示性格頑固、脾氣壞、一生操勞，聰明度弱，只有小聰明，雖有求知慾，但好奇心不強，也不見得會追根究底，一生辛勤，無福享，只會過一般人的生活，生活沒有新意。

丁年生

有天同化權居廟、居旺在福德宮的人，表示其為人非常世故。也會用方法來掌握事情發展的情況，及掌握人際關係中的變化。尤其對人、對事很瞭解，又有應付之道。是故其人一生都平順安逸，生活快樂。

有天同居陷帶化權在福德宮時，其人一生中憂愁、悲傷、不快樂的事多。是憂多於樂的狀況。有天同化權、巨門化忌、擎羊同宮在福德宮時，容易有精神疾病，需治療。

戊年生

有太陰化權居廟、居旺在福德宮時，表示其人性格陰柔中帶有陽剛之氣，非常浪漫多情，敏感，對異性有強烈吸引力，對女性有主控權，易和女性接近。本命中能掌有財權、精神生活富裕，思想浪漫，且博學多能。一生生活在特有的精神快樂之中。

有太陰居陷化權在福德宮時，表示其人性格陰柔，有時浪漫，有時心情起伏大，本命中財少，常心情不好，性格頑固、學問及才能也少。一生心情起伏，不算快樂，而且操勞不斷。

權祿科

己年生

有貪狼化權居廟居旺在福德宮時，為一不安現狀、祈求過多之人。故一生勞心勞力，為好貪而付出代價。但生活尚富裕，物質生活佳。

有貪狼化權居陷在福德宮時，必與居陷的廉貞同宮，表示其人生活不富裕，勞心勞力，一生為賺錢而忙碌，想享福而享不到福。

庚年生

有武曲化權居廟、居旺在福德宮的人，是一個性情急躁、強勢要做主的人，故中年以前操勞，年老時能享福。你命中財多，一生的物質享受好，操勞的是心境上的煩憂，也是因為太愛管事掌權之故。

有武曲居平化權在福德宮時，一生東奔西走，生活不安定，心情也不安寧，身心皆勞累，福份薄。而且本命財少，唯性格加重頑固而已，脾氣不好。

辛年生

有太陽化權居廟、居旺在福德宮時，會一生忙碌，操勞，但福份厚，會有男性幫忙，亦能對男性有控制權，事業運好，權祿在重要宮位，因此能享財福。你是一個做事積極又乾脆、準確的人。也會有名聲。

有太陽居陷化權在福德宮時，也會一生忙祿操勞，性格也會內向、含蓄但頑固，自有想法而不願說出來。男性對你較嚴格、嚴苛。你也會內心鬱悶。你在事業上想打拚奮鬥，但又後繼無力、打拚力量不足，有怠惰現象。為人只是溫和、內斂，無法有名聲。

科祿權

壬年生

有紫微化權在福德宮時，表示你一生享福，注重精緻、高尚的享受。其人也會較懶、較自私小氣，只重視自己的利益，不顧旁人的利益。而且堅持自己的享受和享用，不願和人分享。在分享利益方面有老大的心態。在工作、義務方面又會懦弱、有把自己縮小、偷懶的心態。

癸年生

有巨門化權居廟、居旺在福德宮時，表示你天生有好口才、言詞犀利，會喜歡管人，開導別人，對人也有煽動力，也容易挑起是非，用是非來控制別人。一生較勞碌。你的意志力強，凡事都要掌

控，內心容易煩亂。

有巨門化權居陷在福德宮時，表示你天生是非多，凡事想得多，又愛計較，但與人吵架爭鬥也總是不會贏，只是徒增煩惱而已。你也會口才犀利，但頭腦不清，常在不對的時候發言，而引發口舌是非。一生煩憂多、心境不清閒。

第三節　化權星在閒宮對人之影響

化權星在　閒宮出現，指的是化權星在『父、子、僕』及『兄、疾、田』等宮出現的時候。雖然在人之性格、命運中影響不是那麼直接，而且這些閒宮也是輔助的力量，但會在行運時走到，因此在流運中也會發生一些影響。

況且，閒宮多半是六親宮的宮位，會對其人在家庭中的人際關係產生重大影響，繼而響其人的人生，和心境上、感情上的問題。也會影響到人之健康問題。健康也是『人』的基本資源。也算是一種『財』的展現。

化權星在六親宮出現，多半是管制和磨擦，會有相互剋害的狀況。要看其嚴重 性，就要分別以化權所跟隨之主星來分析狀況了。十種化權星在六親宮和疾厄宮，就是十種和親人相剋的模式，但不一定全不好，運用這些關係好的，也能對自己有利。運用不佳的，或本身和親屬關係不佳的人，也能利用下面這些解釋來避免和親人之間的磨擦。

化權星在『父、子、僕』

化權星入父母宮

甲年生

有破軍化權在父母宮時，表示父母很強勢，性格豪放、強硬、愛管你。你和父母的思想、價值觀都不一樣，性格也不一樣，彼此很難溝通。父母也容易帶些負面影響給你，使你終身對某些事很厭煩。並且父母也有感情不好、離婚或分居現象，以及爭執多、吵鬧的狀況，讓你不喜歡待在家中。

乙年生

父母宮有天梁化權時，居旺時，表示父母很疼愛你，對你照顧的無微不至，但同時也限制、管制你很多。你有時很高興受到照顧，有時很痛恨受到限制，你的父母成就比你好，也比你有錢，是故你不見得會離得開父母的照顧。

父母宮有天梁居陷化權時，表示你的父母對你照顧不佳，又愛多管，你與父母的感情不和諧。你自己有能力自立，會過自己的生活。

丙年生

有天機化權在父母宮，居廟、居旺時，表示父母很聰明，有智慧，知識水準高，又會對你管制、掌控，但父母的情緒變化大，不穩定，對你較嚴苛，你常想逃出父母的手掌心而逃不掉。

有天機陷落化權在父母宮時，表示父母有小聰明，但知識水準不高，又會有古怪的想法和方法來鉗制你。他們根本管不了你，但還要管，你會逃離他們。

丁年生

有天同化權在父母宮，居廟、居旺時，表示父母精通人情世故、性情溫和、受人敬重，會用平和、自然的手段使你聽話。你和父母間的關係還不錯，父母也會帶給你他的人際關係給你用。你一生受到父母、長輩最貼心、舒適的照顧。父母對你也是亦鬆亦緊，自然的管教方式。

有天同陷落化權、巨門化忌、擎羊在父母宮時，表示父母頭腦

不清楚，或知識水準不高，或父母有傷殘現象，根本無法照顧你，反而會剋害你，帶給你災禍傷剋。

戊年生

有太陰化權居廟、居旺在父母宮時，表示父母很有錢，而且是母親掌握家產。父母用溫柔又嚴格的方式來管教你。他們會體諒你，也會督促你。你與父母感情深厚，尤其是母親最愛你，也管你最凶。

有太陰化權居陷在父母宮時，表示父母經濟狀況不富裕、較窮，也對你關係較淡薄，但很會管你，你不喜被管，會反抗或離家生活。

己年生

有貪狼化權在父母宮時，表示與父母不能溝通。父母與你有嚴重代溝，又強悍、又霸道。你和父母是不同命格的人，思想和價值觀根本不一樣，但父母硬要你聽話，因此你會離家或反抗。成年後，你會與父母離的遠。

庚年生

有武曲化權在父母宮時，表示父母的脾氣硬，頑固又凶悍，父親也許會從事軍警業。父母對你的管教方式嚴苛。你與父母不合，但父母會握有一定的家產。也會控制家產，因此你必須乖乖聽話，才能得到。

辛年生

有太陽化權居廟、居旺在父母宮時，表示家中父親當權做主。父親有大男人主義，不容別人反抗或異議，父親在工作上會稍有成就，或做官職，你一生在父親的陰影及照顧下生活，聽命於父親。

太陽化權居陷在父母宮時，表示父母與你談話不多，父親是高高在上，但沈默的人，父親的事業也不輝煌，而且性格頑固。你和父母少溝通，感情不親密。

壬年生

有紫微化權在父母宮時，父母是高高在上，大權在握的人。父親的職位高、事業有成就，你與父母的關係還不錯。但父母管你管得凶，也會強力照顧你，你永遠活在父母的羽翼下生活。

癸年生

有巨門化權居廟、居旺在父母宮時，表示父母口才好、能力強、對你挑剔，常罵你、管你，你與父母的感情不佳，常有是非口舌。也會鬥來鬥去。幼年父母對你管教嚴，長大後你自有主張，但總吵不過父母，仍會受父母擺布。父母之間也常愛爭鬥，多是非。

有巨門陷落化權在父母宮時，表示你與父母之間的感情差。父母對你很不好，你與父母無緣，容易與父母離開，或被送人養。父母對你管教嚴，但最後總是管也管不到。父母自身有很多問題，會生離死別，你也沒辦法幫助他的。

化權星入子女宮

甲年生

有破軍化權在子女宮時，表示子女性格強，子女與你感情不算親密，子女會讓你花很多不得不破耗的錢財。未來你也不一定會得到回報。也表示你個人在才華上沒有一定的路子，你會對任何事都感興趣，但也涉入太多不同的興趣，而沒有專長。你也會在買東西、投資上有興趣，但只以消耗為專長。

乙年生

有天梁化權在子女宮，居旺時，代表你非常照顧子女，也堅持用自己的方式照顧子女，你對子女有霸道式的疼愛，讓子女負擔很重。同時你也會在個人才華上得到名聲。

有天梁化權居陷在子女宮時，代表你照顧子女並不周詳，也不太會照顧子女，但很頑固的要管，你與子女會有磨擦不和。同時，你的才華少，在才華上無法出名。

丙年生

有天機化權居旺在子女宮時，代表子女很聰明，又能有良好的機會發展。他們是具有主貴格局的人。同時你也會利用、掌握機會而成名。

有天機化權居陷在子女宮時，代表子女只有小聰明、會搞怪，性格頑固不服管教。你與子女的情感極差。同時也表示你的才華不佳，無法成名，又愛做不停，做也做不好。

丁年生

有天同化權居廟、居旺在子女宮時，表示子女性格溫和活潑、聰明，不須多管便自然而然的乖巧、聽話、成就又好了。亦表示你自己的才華在自然而然的形成過程中而出名。

有天同化權居陷、巨門化忌居陷、擎羊同宮在子女宮時，表示不一定生得出子女，或子女有傷殘現象、頭腦不清等現象。同時，你的才華也是有問題的才華。

戊年生

有太陰化權居廟、居旺在子女宮時，表示子女聰明、美麗、能力強。尤其女兒最能幹。子女在財運上都有發展、有成就、生活富裕，女兒也最能幫你。你在柔性方面的才華上最能掌握而成名，例如文學、藝術或理財方面皆會有所成。你會對子女的管教好。

有太陰居陷化權在子女宮時，表示子女較窮，但性格強硬，子女外表溫柔，但內在性格有孤寒現象。你與子女感情不深，也會有摩擦。你會對子女的管教讓子女不服。你在才華上較少、成就也不高。

己年生

有貪狼化權在子女宮時，表示子女不服管教、會強力反抗。親子關係不能溝通。子女會用自己的方式在性格方面來自己成長。也可能會有品行不佳的子女。你的才華都是皮毛一般、粗略的，自以為是的才華，要有好運才會成功，但也不長久。

庚年生

有武曲化權在子女宮時，表示子女性格強硬、頑固不化，親子關係差，子女愛賺錢，對錢財或政治有興趣，你根本沒法子管教。你在才華上較少，只注意錢。

辛年生

有太陽化權居廟、居旺在子女宮時，表示子女性格強，未來會在事業上有發展。以兒子的成就最好。你在才華上雖不多，但會有一項成功。

有太陽居陷化權在子女宮時，表示你與子女不親密，子女性格較悶而頑固，未來子女的成就也不高。你自己的才華很少，也不易成名。

權祿科

壬年生

有紫微化權在子女宮時，表示會生貴子，子女長相氣派。子女是來幫你平復一切災難、撫平窮困的福星。因此『有子萬事足』便是你一生的象徵。你個人在才華上不明顯，但知道選擇對你自己最利的事情。你的子女未來會在事業上有成就，亦可能向政界發展。

癸年生

有巨門化權在子女宮時，居廟居旺時，表示生頭子難，問題加重，會經過千辛萬苦才得子，第二子較容易。你和子女間多口舌是非。而且子女不服管教。子女幼年易吵鬧不休，不好帶養。**巨門化權居陷時**，生子女較難，且會有危及母親的併發症。你與子女的緣份薄，即使生了也不一定養得好，或養得活。你的才華不多，也未必對自己有利。

科祿權

化權星入僕役宮

甲年生

有破軍化權在僕役宮時，你會交三教九流的朋友、朋友會在各種層面有地位、會掌權，但朋友也會對你予取予求，脅制你，使你破財、受害。

乙年生

有天梁化權居旺在僕役宮時，表示容易結交長輩型又有權勢的朋友，或年紀比你大，會幫助你又管著你的朋友。或是女性長輩型會照顧你的朋友。他們對你的幫助很大，不但提攜你，也會教育你，教你很多做人和做事的方法。因此你會比同輩的人快成功。同時你也會用這種傳統、頑固的方式去照顧後進。

有天梁居陷化權在僕役宮時，表示你的朋友中多半是比你年輕或頑固、不喜別人管、也不會照顧別人，亦不接受別人照顧，對人冷淡，自以為是，又不懂人情世故，也沒有特殊才能，對你無益的無名之輩。

丙年生

有天機化權居廟、居旺在僕役宮時，表示你的朋友都是特級聰明，會掌握機會往上爬的人。他們都具有高知識水準，成功也非凡。他們對你有極大的影響力。你和朋友之間也會有競爭和爭鬥，但朋友就是你最大的激勵力量，因此你還是喜歡和這些人在一起的。

有天機化權居陷在僕役宮時，表示朋友都是有小聰明，又特別愛搞怪的人，你常吃虧上當，但仍甩不開他們，他們仍對你有影響力，因此你仍頑固的接受這些人的惡行，與他們為伍。

丁年生

有天同居廟、居旺化權在僕役宮時，表示你的朋友都是溫和而有能力的人。他們也比較世故、含蓄。其中不乏知名之輩，但仍謙虛對人。你的朋友運很好，朋友對你影響很大，也會幫助你。因此你一生受朋友的教益與幫助特多。

有天同居陷化權、巨門居陷化忌、擎羊同宮在僕役宮時，表示朋友都是溫和、懦弱又心懷不軌的人，或是朋友中多殘障之人、或心理及精神不正常之人，對你有剋害。你自己對朋友也是容易惹起是非或災害的。

戊年生

有太陰化權居廟、居旺在僕役宮時，表示你的朋友多半是能力高、有權勢、會掌握經濟大權的人，也會是女性多的狀況。他們的生活富裕，對你既溫柔又貼心，還會照顧你、管你，真是良師益友。女性朋友或性格陰柔的朋友對你有影響力，你會接受他們的意見。朋友運很好。也會找到知己。

太陰化權居陷在僕役宮時，表示朋友較窮，一直在打拚賺錢，其中以女性朋友較多。這些朋友對你的感情也較淡薄，有事才來找你，有事找你幫忙時會對你窮追不捨，你和朋友之間的感情起伏不定，但也甩不開他們。

己年生

有貪狼化權在朋友宮時，表示你的朋友都是貪心、勢利的人，有些也是具有權力或地位的人。你表面上好像人緣不錯、交際應酬也多，但朋友對你冷淡、少來往，也不親密。他們始終與你保持距離，或高高在上。你對朋友的態度也是這樣維持表面和諧，實際卻冷淡的形式。

庚年生

有武曲化權居廟、居旺在僕役宮時，表示你的朋友都是在政治界、財經界有名或掌權的人，或是非常有錢富裕的人。但他們的性格剛直、強悍，對你也硬梆梆的，不輕易的賣面子。朋友關係不太好，你也不一定巴結得上他們。

有武曲居平化權在僕役宮時，你的朋友多半是凶悍或窮困的人，也可能是軍警界工作的人。一種會劫你的財，一種會背叛你。朋友會強制或脅制你做一些事，對你不利。因此要小心。

辛年生

有太陽居廟、居旺化權在僕役宮，表示你的朋友多半是事業有成之男性。也會是性格開朗、掌權、有地位的人。你的朋友對你影響大，他們會幫助你，引導你在事業上積極奮發、事業輝煌。你也會用氣派、開朗、寬宏、博愛的心來對待他們。

有太陽化權居陷化權在僕役宮時，表示你的朋友多半是內向、頑固、有些鬱悶，事業起伏大，不太順利，或正處於晦暗期的人。這些人在心態上都有些怠惰，對人也不熱誠。因此你們來往也不熱絡。

壬年生

有紫微化權在僕役宮時，表示你的朋友都是地位高、有權勢之人，而且他們深知成功的要訣。他們也對你很好，雖然有些勢利，但你如果需要。他們也會幫助你。紫微化權居平時，表示朋友的地位、權勢較普通。

癸年生

有巨門化權居旺、居廟在僕役宮時，表示朋友間爭鬥和是非特別多，相互傾軋，使你煩不勝煩。朋友也對你有說服力、煽動力，你有時也和他們攪合在一起，唯恐天下不亂，好混水摸魚，趁機奪權。

有巨門化權居陷在僕役宮時，表示朋友都是好爭鬥、是非多，只做無謂的爭鬥。朋友都是無用的小人，又愛爭吵不停，又常危害你，你根本不想和他們多來往，以免被捲進是非圈。

化權星在『兄、疾、田』

化權星入兄弟宮

甲年生

有破軍化權在兄弟宮時，表示兄弟是性格強悍，大膽、狂放不羈的人。也是行動力強，強力要破耗的人。他與你性格不和，常侵害你的權益，讓你頭痛又無法抵抗。成年後會少來往。

乙年生

有天梁化權居旺、居廟在兄弟宮時，表示家中有長兄、長姐當家主事。他會照顧你，管束你，一生對你好，也會管你較嚴、較凶。

有天梁化權居陷在兄弟宮時，表示家中有年幼或需照顧之兄弟要你照顧，但你不一定照顧得好。他是性格表面溫和但頑固、又不喜你來管他的人。

丙年生

有天機居旺化權在兄弟宮時，表示兄弟非常聰明、才智佳，常超過你。但兄弟間是非口舌多，並不見得和諧。但兄弟對你有影響力，兄弟間的關係常起起伏伏。

有天機化權居陷在兄弟宮時，兄弟有小聰明，愛搞怪，兄弟感情不佳，且愈變愈壞。

丁年生

有天同化權居旺、居廟在兄弟宮時，表示兄弟是溫和、能力強之人。兄弟和你感情親密，也會幫助你。他是有情義，又好相處，能讓你享福之人。

有天同居陷化權、巨門居陷化忌在兄弟宮時，表示兄弟是溫和、懦弱、頭腦不清，多是非之人。亦會無兄弟，或有同父異母、有殘障之兄弟。

戊年生

有太陰居廟、居旺化權在兄弟宮時，表示家中有長姐當家，或有能幹之姐妹當家。她會照顧你，也會管你，她們與你的感情好，會溫柔、體貼的知道你的需求而照顧你，也能為你出意見。更能在財務上支持你。

有太陰居陷化權在兄弟宮時，表示兄弟姐妹較窮，而且感情較淡薄，他們會管你，但你不愛聽。

己年生

有貪狼化權在兄弟宮時，表示兄弟間不能溝通，彼此不關心。亦表示家中會有行為乖戾、霸道，不講理之兄弟姐妹。也會有晚婚、不婚，自以為是的兄弟姐妹。

權祿科

庚年生

有武曲化權居廟、居旺在兄弟宮時，表示兄弟性格強悍，剛直，在錢財上能力強、富裕、或在金融機構中掌財權，或在政治圈及軍警單位做官掌權。你會在錢財上被他管，兄弟感情不深，較公式化。

有武曲居平帶化權在兄弟宮時和七殺同宮時，表示兄弟較窮，賺錢辛苦，兄弟感情不佳，兄弟較凶悍、無理，你常吃虧。**和破軍同宮時**，亦表示兄弟較窮、彼此感情不佳，兄弟是耗財多，能力不佳之人。

辛年生

有太陽居廟、居旺化權在兄弟宮時，兄弟多，且大多事業好、

科祿權

有地位、性格開朗、豪放，家中有長兄當家主事，兄弟感情好，會相互幫助、照顧。

有太陽居陷化權在兄弟宮時，兄弟是性格悶、沈默、話不多、頑固、事業運不佳之人，與你的感情也較不親密，無法相互幫助。助力不大。

壬年生

有紫微化權在兄弟宮時，表示兄弟在家裡是位高權重之人。在事業上也具有能力，他總是高高在上的，會支使你做事。有時也會給你好處。表面上他對你很好，但你始終會依賴他們。

癸年生

有巨門化權在兄弟宮時，表示兄弟間爭吵凶，口舌是非多，兄弟是口才好、好辯、喜煽動別人，會主導是非、混亂的人。你也時常捲入是非之中，兄弟不同心，亦難有助益。

化權星入疾厄宮

當化權星進入疾厄宮時，化權五行屬木，故表示有肝方面的疾病，以及神經系統方面不良症狀。但要看主星旺弱來決定病症輕重變化。並且，有化權星在疾厄宮時，都表示會加重病情、或病情快速發展的意思。

當疾厄宮有吉星居廟、居旺帶化權時，化權也居旺，表示健康還不錯，但要小心肝的部份較弱，以及神經系統不良，和吉星所代

表的部位較弱的問題。但大致病情可受到控制。

當疾厄宮有吉星陷落帶化權時，化權也居陷，表示健康情形不佳，並要小心肝病和神經系統會犯病，以及陷落的吉星所代表身體部位的病症。生病時，更容易引起併發症，較嚴重，也較難醫治。而且來勢洶洶，不可忽視。

當疾厄宮有凶星居旺帶化權時，化權也居旺，表示起先還健康、或表面還健康，但內含隱憂有病潛伏，會有肝病和神經系統不良症，也會有凶星所代表之特屬之病症，並且根深蒂固，不太好治療。

當疾厄宮有凶星居陷帶化權時，化權也居陷，表示身體健康很差，有繼續壞下去的狀況。不發病則已，一發病情況危急，要小心肝病和神經系統之毛病。以及該居陷之凶星所代表部位之病症。化權會加速惡化病情，或常突發病情，要小心。

※請讀者注意：要看疾厄宮所代表之病症，就要把疾厄宮中所出現幾個重要的主星所代表之病症全部列出才行。**例如是甲年生，紫微、破軍化權、天姚在疾厄宮的人**，則要將各星所代表之病症全部列出才行，這表示會有脾胃的毛病、腎臟病、皮膚病（紫微代表之部份）、肺炎、氣管炎、膀胱的毛病、膿腫之病、糖尿病、淋巴及血液系統、腸病（破軍代表的部份），肝病、神經系統之毛病（化權所代表的部份）以及膀胱有疾（天姚代表的部份）等等。這才是完整的疾厄宮之資訊。

甲年生

疾厄宮有破軍化權時，表示幼年易患皮膚病或膿腫潰爛之病。

在呼汲道方面較弱，要小心肺炎、支氣管炎，以及肝病、腎臟、膀胱等毛病。也要小心糖尿病、淋巴、血液、腸病等毛病。

乙年生

疾厄宮有天梁化權時，表示有腹中疾病，如脾胃、肝、腎等問題，要注意肝氣犯胃之症。天梁五行屬土、化權五行屬木，土木相剋，故有腹中疾病。也要小心腎臟病、神經系統等毛病。倘若天梁化權居旺、居廟時，表示健康情形還好，會偶而犯病，但可得良醫醫治照顧，還不嚴重。當天梁化權居陷時，病況不佳，易有併發症，並且血液含雜質、不乾淨，常危及生命，要換血。

丙年生

有天機化權在疾厄宮時，表示有肝病、黃膽病和手足及顏面之神經系統有毛病，幼年身體多傷害、破相、手足受傷、筋骨酸痛。天機化權居旺、居廟時，健康尚好，宜小心突發之病症。天機化權居陷時，健康狀況有隱憂，一發病就不可收拾了。並有心臟血液、血壓等毛病，肝肺功能也不好。

丁年生

有天同化權在疾厄宮時，天同五行屬水，化權五行屬木，水會生木，但水被木吸，故有耳疾、心臟不佳、肝腎不好、血壓、神經系統的毛病，以及血液循環不良等病症。天同化權居廟、居旺時，表示健康，但要小心潛伏的毛病，會在運氣差時跑出來。但尚能適當醫治。天同化權居陷時，健康不良，會有併發症，並有眼疾、耳病、心臟病嚴重等問題，再有擎羊同宮時，也是眼疾、肝病和遺傳之性病等毛病。

戊年生

有太陰化權在疾厄宮時，太陰五行屬水，化權五行屬木，水被木吸，故要小心水道系統的毛病，例如膀胱、腎臟、尿道，和生殖系統子宮、輸卵管、卵巢、輸精管、陰囊、肝病、神經系統之毛病，下體寒涼、淋巴及血液循環不佳等毛病。太陰化權居廟、居旺時，注意男女生殖系統較弱，以及常感冒，肺部較弱等。有病尚能醫治。太陰化權居陷時，身體差，要小心男性亦有癆傷，女性易有傷殘之災。(生殖系統不好，也是傷殘現象)

己年生

有貪狼化權在疾厄宮時，貪狼五行屬木、化權也屬木，故宜小心肝病、及神經病和關節炎，以及痛風所造成手腳關節疼痛或筋骨酸痛症等。貪狼化權居廟、居旺時，健康尚好，身體上有小毛病。**貪狼居陷化權時**，表示身體差，尚有血液的毛病，或遺傳之花柳病、眼病和性無能等毛病。

庚年生

有武曲化權在疾厄宮時，表示有肝肺功能不佳，肝氣犯肺等毛病，也會有神經系統不良、肺炎、支氣管炎、腎臟炎、腎虧、膽囊炎、血液循環不佳、大腸不好、皮膚病、溼疹、或肺部木質纖維化等毛病、以及手足、頭面有傷災，目疾等。武曲化權居廟、居旺

時，易感冒，有肺部不好之問題。武曲化權居平時，身體狀況較差，上述病症多易顯現。

辛年生

有太陽化權在疾厄宮時，表示有頭部之病症，有頭風寒溫之疾，易感冒。太陽五行屬火，化權屬木，是木火旺的病症。要小心高血壓、心臟病、血液循環、眼病、神經系統不良症、肝病、火傷、刀傷、血液有雜質等病症，也要小心腎臟連帶不好。太陽化權居廟、居旺時，健康尚好，仍要注意上述健康問題會發作。太陽化權居陷時，身體狀況不佳，心臟病、高血壓及眼疾很嚴重。

壬年生

有紫微化權在疾厄宮時，紫微五行屬土，化權五行屬木，亦是土木相剋。要小心有腹中疾病，如脾胃、肝臟、腎臟等毛病、皮膚病、內臟有溼疾、神經系統不良症，發病凶，但能得良醫來醫治，並且你也會花大筆錢，用最好之醫療、住最好之醫院、找最好之醫生來醫治，故一生健康無大問題。

癸年生

有巨門化權在疾厄宮時，表示年少易患膿血之疾，要小心身體毛病多，要注意消化系統之毛病，如胃、大腸、直腸、脾臟、肛門等毛病。也要注意腎、膀胱、肝臟、神經系統，以及生殖系統之毛病，和好酒色之毛病、糖尿病等毛病。

化權星入田宅宮

甲年生

有破軍化權在田宅宮時，居廟、居旺時，會為房地產打拚，但對祖產會強力破耗。居陷時，破耗更凶、更快。破軍化權居旺時，表示自己做主買賣房地產，有進有出，大進大出，要到晚年才會有一棟自己的房子。但你的財庫是破的。小心錢留不住。家中人是不和睦、頑固而脾氣壞，行為怪異之人。破軍化權居陷時，窮困，無房地產。家庭破碎不全。

乙年生

有天梁化權在田宅宮時，居廟、居旺時，表示房地產有長輩或國家給與。家中有長輩照顧，你在家中很有地位，能得到尊敬侍俸，你的房地產是美麗、高尚、價值高的。你的財庫有貴人在照顧，始終豐滿無缺。你會有祖產或退休金來過日子。

天梁化權居陷時，表示房地產存不住或較少，要靠自己賺，但財不豐，較難存到。家中人對你關心照顧不多，但會管你、限制你。即使有家產也會少，或不會在你的名下。

權祿科

丙年生

有天機化權在田宅宮時，表示房地產存不住，常起伏不定，進進出出，而且有突發事件而賣掉。家中人很聰明，愛搞怪，對你影響很大。你的財庫不牢，常變化。你也喜歡做投機生意，常把錢進進出出，故也存不住。

丁年生

有天同化權在田宅宮時，居廟、居旺時，表示房地產得自祖產，你不需努力即會有大批房地產。你在家中地位重要。你家中的人都是溫和、能力強，全幫你設想好的人。你的財庫牢靠，你會自然而然的享受財福。

天同化權居陷和巨門化忌同宮時，表示房地產留不住、多是非、或家產不分給你。或不在你名下，爭也爭不到。

戊年生

有太陰化權在田宅宮，居廟、居旺時，表示田宅豐厚、房地產多，而且全在你的掌控之中。你的家中是女性長輩在當權主事。你家中也是女人較多。你的財庫財多富裕，你會存很多錢，特愛存錢。

太陰化權居陷時，表示房地產少，家中較窮，你一直打拚，想買房子，家中有女性在操縱金錢。你的財庫中錢財少較窮，但仍在打拚賺錢。

己年生

有貪狼化權在田宅宮時，表示有長輩、有強勢的力量在使你與房地產無緣。因此家產分不到，亦有阻力阻止你買房地產，你會賺錢，財庫留不住。家中有長輩和家人都性格頑固、脾氣壞，和你不親，無法溝通。你自己也對房地產有頑固的看法沒興趣。

庚年生

有武曲化權在田宅宮，居廟、居旺時，表示家中富裕，是政治世家或有巨大財富之家庭。家中人都是掌握經濟大權的人。你會有眾多房地產，你在家中地位重要，更能掌握家中錢財。財庫豐滿，又正在繼續賺大錢。

武曲化權居平時，家中沒有房地產，家中較窮，還在努力打拚，但存不住。家中之人會是軍警業者。家中有強權力量在掌財，但愈管錢愈少。

辛年生

有太陽化權在田宅宮，居廟、居旺時，表示房地產多，家產豐厚、廣大。你在家中有地位，是主管家產的人。財庫豐滿，家中十

分有錢。而且會繼續增多，你也繼續掌管。家中人是性格開朗、寬宏，有主觀意識、相互體諒、和諧的人。

有太陽化權居陷在田宅宮時，表示家產正快速減少之中，亦表示你在家中只有暗中爭權之力量。你家中之人是性格頑固、抑悶、不開朗、話少、嚴肅之人。你的財庫正慢慢減少、消失。財庫有破洞。你的家庭正面臨家道中落的過程。

壬年生

有紫微化權在田宅宮，表示家中房地產眾多，且是精美、有高價值之房地產。你的地位特高，能掌管所有的家產。家中人是祥和、懂得尊重別人，且知道地位高低尊卑、注意情勢變化，世故、圓滑之人。

癸年生

有巨門化權在田宅宮時，居廟、居旺時，表示房地產眾多。而且你有掌管大權在握。家中人多是非，但你能用口才擺平他們。你在家中具有地位。財庫豐滿，又可持續增加。

有巨門化權陷落在田宅宮時，表示房地產少，不多，但家中人多爭產，有是非災禍，你每日應付爭產之人，很厭煩。你的財庫不穩，小心會突然失去錢財、掉錢、或被盜，房地產也易失去。

如何創造事業運

人生中有千百條的道路，
但只有一條，是最最適合你的，
也無風浪，也無坎坷，可以順暢行走的道路
那就是事業運！
有些人一開始就找對了門徑，
因此很早、很年輕的便達到了目的地，
成為事業成功的菁英份子。
有些人卻一直在茫然中摸索，進進退退，虛度了光陰。
屬於每個人的人生道路不一樣，屬於每個人的事業運也不一樣
要如何判斷自己是否走對了路？
一生的志業是否可以達成？
地位和財富能否得到？在何時可得到？
每個人一生的成就，在紫微命盤中都有顯示，
法雲居士以紫微命理的方式，幫助你檢驗人生，
找出順暢的路途，完成創造事業運的偉大工程！

第四章　化祿星的吉凶善惡和內含意義

第一節　化祿星的吉凶善惡

化祿星五行屬土，主財祿，在數掌禍福。

化祿吉善的方面

化祿在吉善的方面，主財祿得利，主桃花、人緣。主有貴人，有情緣，善交際應酬。主忙碌，有收獲。主享受、食祿、解厄。亦主聰明、才智、圓滑。人際關係好，和諧，順利，財的源頭好，結果好。

化祿星，不善的一面

化祿星若跟隨煞星，如巨門化祿、破軍化祿、廉貞化祿，就會有較邪惡的一面了。例如巨門化祿，就會有巧言令色、說謊、圓滑、語言誇大不實、諂媚、騙人、陰險，用是非掩蓋事實、哄騙、假情假意等問題。

另外，化祿也包含了油滑、色情、好色、性慾、淫亂方面，以及一些不正當的習性，都是值得注意的事。例如天梁化祿的桃花重，貪狼化祿的桃花也重，容易有外遇和不正當的性行為。其它如廉貞化祿、破軍化祿也都會有這些好色的問題。

例如破軍化祿，就會有大膽妄為，圓滑、哄騙，強力要破耗，想盡辦法去找錢來破耗，行為放盪乖張，不受束縛，為花錢而找錢。為享受而找錢。三教九流的交際應酬、破耗多而利益少。

例如廉貞化祿，是指精神上之享受，艷遇或蒐集物品的樂趣等，亦或是感情困擾，或風月色情上的問題。實質上財的利益非常少。

第二節　十種化祿星的意義

十種化祿星的意義

甲年生，有廉貞化祿

廉貞是桃花星，也是企劃、營謀、智慧、暗中經營之星。有化祿跟隨時，表示上述這些特性，會較圓滑的展現出來。有廉貞化祿在命宮的人，人緣好、善於交際，喜歡應酬，異性緣好，喜歡用人緣關係來做事。在營謀、企劃上，重視成功率，因此喜做會成功的事，不會對太冒險的事去挑戰和浪費時間。有廉貞化祿在命宮的人，桃花強，不在乎正牌婚姻，好色，在私生活方面較不嚴謹。廉貞化祿也代表一種精神享受，更喜歡有蒐集的癖好，因此有廉貞化祿在命宮者，多半來往於風月場所，或有感情困擾；而財祿的部份較少，也不會成為大富之人。

廉貞代表紅色，化祿代表土色，故廉貞化祿代表紅土色。怕遇紅鸞、天刑，流年、流月逢之有火災，或燒成焦土。廉貞亦代表血液，亦要小心有血光之災，或血液有病。有廉貞化祿在疾厄宮時，要小心血液太濃或出血之病症。

廉貞化祿還代表暗中經營某些事，私下利益輸送，及暗中送禮、收禮、私情等等。所以古時候，私會後花園，富家千金贈金情郎，鼓勵其赶考、取功名的。在這對男女中，必有一人是廉貞化祿

坐命，另一人是貪狼坐命的人。廉貞化祿會私下贈金，也會私下收好處。所以廉貞化祿並不算正派的化祿星。

在命格中有廉貞化祿的人，多半有蒐集癖好，只要沒有煞星同宮或沖照，其人會蒐集古董、有價值之物品。有文昌同宮或沖照的人，會有藝術修養，會蒐集和藝術文學、文化有關的物品。有文曲同宮或沖照的人，會有桃花、色情的癖好。但這些人都會本命較窮。

倘若有煞星同宮或沖照的人，會有古怪的癖好，亦可能有邪門歪道的蒐集癖好，這就要看其本人思想之偏好了。

命宮有廉貞化祿和祿存同宮的人，是『雙祿』格局的人，是既喜好桃花、情色的問題，又有蒐集癖好的人，但財不多，不是大財。

乙年生，有天機化祿

天機化祿，即使在廟位（在子、午宮），財都很少，是『機月同梁』格的薪水之財，有衣食之祿而已。

天機主聰明、主變化、主機變、主手足、主神經系統。化祿主油滑、變通。故有天機化祿時，會變來變去，變得更迅速，使人難以捉摸、古怪、油滑，無法控制，讓人又愛又恨。脾氣慢一點，愚頓一點的人，就會放棄隨他起舞了。所以天機化祿坐命的人，其實在很多時候，是使人討厭的，覺得他是不實在的。所以人緣也不見得有多好，至少在人緣機會上所得的不多，是故也是無法做生意、賺大錢的。只有做公務員，薪水族的命了。

天機化祿有自做聰明的內含。因為既聰明又油滑，把很多事玩弄於股掌之間，凡事都看得太簡單了，反而無法得到別人的信任。

天機化祿主手足之間的情誼還不錯，但只是表面的，私下的情感是用油滑和聰明虛應故事一翻的。你只要看天機坐命者的兄弟宮是空宮，有廉貪相照的狀況，就可知道天機的手足之情是吵吵鬧鬧，品行不良，屬於教養不佳的手足之情，當然也無信義可言了。此種天機再帶化祿時，就是多變、很油滑、親密、黏密的多變，但沒有真正相互之間助益的。

天機化祿在疾厄宮時，天機屬木，是屬於肝膽方面，以及手足神經系統方面的問題。化祿屬土，是屬於脾胃及腎臟方面，水無法洩、浮腫、及因肝病、黃膽病而浮腫的問題。

天機化祿在六親宮都助力小，或根本無助力，反而多是非。並且其人會自做聰明的惹起是非後而開溜逃跑，躲在一旁看熱鬧，留下爛攤子讓你收拾。

天機化祿在財、官二宮，都是運用聰明和圓滑來賺錢，但做事不實在，賺錢不多。天機居廟帶化祿所賺之錢比天機居平帶化祿或天機居陷帶化祿為多，而且工作較固定。天機居平、居陷帶化祿，不但財的成份少，其聰明及圓滑度也會減少，有古怪、作怪的狀況，所以力量更弱了。天機陷落帶化祿是更愚笨，還要自做聰明，又帶有狡詐的行為的，因此不吉。

丙年生，有天同化祿

天同化祿是福星帶化祿，表示喜好享受及能享有好的享受，會圓滑、取巧的偷懶，而不讓人厭煩、指責。會讓人對他寬容，讓他偷懶、閒適。所以有天同化祿坐命的人，是態度嫻雅，討人喜歡，人緣好，不得罪人，有舒適的生活享受，財不多，工作及能力也都

科祿權

不積極。

天同化祿是自然而然的享受，不必競爭，不必辛勞，也不必煩惱而得到的。要看天同福星的旺度，來定天同化祿的旺度。天同居廟帶化祿（在巳、亥宮），表示是最天然形成，最有福氣的一等享受和享福。其次是天同居旺帶化祿，再次是天同居平帶化祿，最差是天同居陷帶化祿（在丑、未、午等宮）。天同居陷帶化祿時，仍溫和，不討人厭，但會有是非，及人緣上之問題及能力差，偷懶、懶惰，仍會遭責罵。

天同化祿的財不多，居平、居陷時，財更少。因為天同是『機月同梁』格中的一環，只是薪水族，衣食之祿的財，而且天同主安享，自己並不想去賺或打拼，只等別人給與、坐享其成，故財少。

天同化祿在性格與運氣上，是凡事無所謂，不計較，都能接受。即使生氣，也會放在心中不表現出來，內心會有懦弱的一面，也不想真正的去面對問題。更不想面對氣氛不好、衝突的場面。因此有時會像牆頭草，沒有個性。但實際上他們有自己的內在性格，只是不願也不會表達出來而已。

丁年生，有太陰化祿

太陰化祿的內在含意較多，一種是財方面的。一種是感情方面的。表示所能儲存的財稍多。但仍是薪水族的財，只是較豐裕的、有餘存而已。也表示房地產的喜好及增多。所以太陰化祿是『機月同梁』格中真正帶有財祿的化祿星。

太陰化祿在感情上，代表圓滑、柔美的愛情。代表桃花和多情非常會談戀愛，是戀愛高手。太陰居廟帶化祿時，能享受十分順暢

美妙的愛情，具有羅曼蒂克的情懷。太陰居陷帶化祿時，也能稍享愛情，但自己的感受力較弱，以及愛不久，或用情不如太陰居廟時深。

太陰是敏感力、感受力、愛意。太陰也代表女性。化祿是財星，也代表圓滑力量，以及增加柔軟度、親和力、親密度的力量。因此太陰化祿會和女性特別友好、親密。也特別會談戀愛，更會具有特別好的第六感的感應力，以及聰明度。是以感覺能力為導向的聰明。善解人意、觀察力、貼心的感覺。太陰化祿也能自然的，毫不造作的表達愛意。因此太陰化祿在六親宮中，無論入那一宮，便和該親屬或友人有親密、甚至黏密的關係，很難分得開了。

太陰化祿入夫妻宮或身宮時，皆是以愛情和情緒為主的人生，其他的一切事物都會變得次要而放在一邊了。

太陰化祿並不像太陰化權一樣，強制愛管。太陰化祿只是配合。感覺對了，就相互湊在一起來相互配合。所以太陰化祿的條件就是感覺。沒有感覺便不會黏密了。

太陰化祿的財賺得很容易，也是有特定性質的工作和地點和人物來讓他們賺。例如太陰化祿的地點在銀行、金融機構、錢多的地方，和女人多的地方（如百貨公司、市場等）。其工作就是管錢的工作，如會計、出納、財務主管、業務工作之類。人物就是女性。因此太陰化祿也最容易做賺女人錢的工作而得財。例如做美容業、買賣女性服飾、用品業等等。

太陰化祿還容易賺利息錢，放高利貸、或地下錢莊。因為太陰代表月亮，只會在晚上出現，故代表黑暗面、及晚上的工作，會做夜班賺錢。亦容易在酒廊、舞廳，做晚上工作及兼帶色情、桃花的行業。

太陰化祿的愛情觀較複雜，主要是因為桃花太多的關係。他們極容易墜入愛情，也容易同時談多起及多種不同的戀愛，因此也容易善變。

太陰化祿在感情上雖圓滑，但仍有陰晴不定，多變的因子，會因圓滑而更多變，是故善於玩弄及主導愛情。也會煽動及迷惑、引誘別人來墜入愛情。所以太陰化祿有正派的一面，也有不正派、邪淫的一面。

戊年生，有貪狼化祿

貪狼化祿是好運星帶化祿，因此好運就會偏向求財方面。但無論做什麼事有好運，都是會帶有財利的。

貪狼是運動很快速的星，故有貪狼化祿時，喜東奔西跑、交際應酬多、較操勞。貪狼就是好運機會，是因為看見了好運機會而被吸引，前去奔波。這是無事不早起的，只有看見有利才會行動的，故帶有勢利的色彩。

貪狼是桃花星，化祿亦是桃花星，故貪狼化祿是遍地桃花。好色、好淫、易出軌，也易不在常理上運行。貪狼化祿入命的人，除非同宮或對宮有輔正之星（有劫空），否則一生浪蕩不羈。貪色的人，別的好運就進不來了。財、官就會弱，故一生無成就可言。

貪狼也是貪心，貪狼化祿明顯的表現出貪財、貪利益。但要貪的是時候，是地方，才能人生有成就。若貪只是小利、小財，人生格局就會太小了。

貪狼化祿在感情上，例如在夫、遷、福、命等宮出現時，表示

對感情是表面友好，但不深刻的。也是表面油滑更甚，應付了事的。有此星在上述宮位的人，對別人防之甚緊，不太會向人吐露心事，由其是感情的事，及其內心想法。也害怕別人會洞悉他的感情世界或想法，以防會控制或對付他。所以有貪狼化祿在上述宮位時，其人或多或少的會對人不夠真誠。有貪狼入命的人，就已經不夠真誠了，再有化祿，是更油滑、善於閃躲，只取自己要的，其他的便完全不重視也不關心了。所以貪狼化祿在感情上是有善變及奸詐行為，也會不負責任，逃避責任。但會圓滑的閃躲，貪狼化祿是害怕激烈的衝突的，有衝突、祿就沒有了，利益也沒有了，所以他們是很注重這一點的。

貪狼是貪心，有積極努力去得到的衝動，也是奮發的原動力。

貪狼化祿不像貪狼化權一樣，有強制與爭奪的主控力量，它是用溫和、圓滑的方式來搶奪的，也會聰明設計的方式來奪得。在別人發現其意圖之後，他也能圓滑處理，但最終還是要奪得及佔有利益。只是過程轉了一個彎而已。

貪狼居廟帶化祿，運氣最好，也得財最多，桃花最強。其次是貪狼居旺帶化祿。貪狼居平帶化祿時，運氣已很低了，桃花也較層次低，易有不正常，不好的桃花。貪狼居陷帶化祿時（廉貪同宮），原本是人緣極差的，但貪狼帶化祿後，雖居陷，但仍有人搭理和理睬，而且會有邪淫桃花較嚴重的問題。

所以貪狼化祿的正面意義是好運多，可得財，有積極力量，好奔波，行動力強。但負面意義則是桃花重，也極容易成為邪淫桃花，以及太愛貪便宜，貪利益。無論那一方面的利益都貪，是酒、色、財氣一族的成員。否則也至少貪其中一樣。

貪狼化祿在疾病上所代表之意義是：臉部及腰背、手足之神經系統的毛病。肝膽的毛病等。貪狼屬木，化祿屬土，土木相剋，故有腹內疾病。亦要小心性病問題及生殖系統不良、不孕等病症。

己年生，有武曲化祿

武曲是正財星，帶化祿時，為雙財星，自然主財多。亦是以財生財的格局，為主富的格局。

武曲亦代表政治，帶化祿時，是以政治方法，或政治環境來得財。有武曲化祿在『命、財、官』的人，就會以政治手腕和政治途徑來得財富。

武曲是剛直，守信諾之星。化祿是圓滑、油滑，善於變通、圓融之星，兩相配合，武曲也不再那麼硬梆梆，會為了賺錢而圓滑，但有奸商的味道。只為賺錢或為了貪財得利而油滑不實，是讓人又愛又恨的。

凡是武曲化祿居旺入『命、財、官』的人，命裡財較多，容易吸引人接近，這不是化祿帶桃花的功勞（因此桃花較弱不強），而是財氣逼人，吸引人的結果。因此這類命格的人，不必為有桃花人緣而高興，實際是帶財的原故，才吸引別人的。別人也是為你的財來的。是故武曲化祿因財多而思想較現實、非常實際，勢利、自私。也會因帶財多，而不孤獨。並且其人的小氣，也會因圓滑而不突顯。但真實的內在感情仍是非常小氣的。

武曲化祿也代表金錢、財物、利益、好處上的交換、流通，所以會有在財物、好處、利益方面私相授受、偏袒有利益往來的人。

武曲化祿最怕羊、陀、火、鈴、劫、空、化忌、七殺、破軍，

所有的煞星，都會對武曲化祿刑剋，產生『祿逢沖破』及『因財被劫』的狀況。因此只要和這些星同宮並坐的，便是刑財而財少了。若在對宮相照的，也會有刑剋，但沒有在同宮時嚴重。

武曲化祿在居廟時，則必有貪狼化權同宮（在丑、未宮）或是在對宮相照（在辰、戌宮），因此在辰、戌、丑、未宮的武曲化祿因貪狼化權的影響，相對強勢，層次也增高，財富也增多，是權力、掌權與財富並駕齊驅的人生格局。

武曲化祿居平時，則必和七殺、破軍等殺破之星同宮，這是『因財被劫』的格式，也是『祿逢沖破』，故有小財，但不多，仍是很辛苦的賺，破耗也多，只不過其人性格上的剛硬度，沒有那麼尖銳罷了，也會較圓通和聰明一些。

武曲化祿在疾病上，武曲五行屬金，代表肺部、呼吸道之氣管、鼻子、大腸、皮膚等部位之毛病。化祿屬土，代表脾、胃方面的毛病。因此武曲化祿居廟時，問題還不多，尚健康，只要小心感冒所引起的肺炎、氣管炎、鼻病、皮膚病，以及腸胃方面的毛病，消化系統不佳，腹脹、腸道疾病等。武曲化祿居平時，因和七殺、破軍同宮，上述毛病會加重，且要注意腎臟，水道循環系統，如膀胱、尿道等，以及生殖系統之子宮，輸精管、輸卵管、卵巢、陰囊等毛病。

庚年生，有太陽化祿

太陽是官星，是事業之星，是首腦。因此有太陽化祿的人，表示會因事業上賺到錢財，也會因頭腦聰明、圓通而賺到錢。太陽也代表男性，公家機關、政治當權者，故也容易因男性而得財，及做公職或與政治利益掛勾而得財。

太陽更代表學校、高層教育機構、長輩、統治者，因此有太陽化祿的人很容易有『陽梁昌祿』格。也容易在學校中任職，或走官途入仕之路。得長輩緣，而受到照顧。一旦進入此體系後，你原先進入此環境中是被照顧，被統治的，而後地位漸高、資歷漸深，就會爬上高位，統治別人了。

太陽有寬宏、博愛、傻呵呵的個性含意。因此有太陽化祿時，在錢財上更不計較、花錢更大方、不計數、浪費更凶，也會無條件付出的。

化祿跟隨太陽後，不論太陽是旺，是陷落，化祿都會對太陽有加分作用。太陽化祿居廟、居旺時，在運氣上之利益、好處會更加強。太陽居陷帶化祿，在微弱、晦暗的運氣上，也會因圓融而略增加一些運氣。

太陽化祿的財並不多，多的是人緣關係，和事情的成功率，以及圓滑的處理公眾事物。所以太陽化祿除了『陽梁昌祿』格，對本人有利之外，其次和男性關係好，在男性社會中相處和諧，做事順利之外，太陽化祿對個人的益處並不多，反而是對公眾事務的利益多。如果在你的命格中有此太陽化祿，又恰巧在『命、財、官』的三合之上的人，你就會與大眾接近，或做公眾事務，以及慈善行為，會事業順利而有名聲，也能得財。

太陽也代表名聲，有太陽居廟、居旺帶化祿時，你能夠因名聲響亮而得到利益。當太陽居陷帶化祿時，化祿也居陷，所以你較不會出名，不能得到因名聲好而有的利益。

太陽代表白日，**有太陽化祿居廟、居旺時**，表示你在白天的工

科祿權

作會得到錢財利益，及工作上的發展。有太陽化祿、居陷、居平時，表示你適宜做晚上的工作較有財利。同時太陽化祿居陷時，也代表檯面下的利益，以及檯面下的輸通、輸導方式。若你在工作或讀書上要送禮時，就要選擇晚上及無人看見的時間去送禮。**如果有太陽化祿居陷的人**，要與人談判或談生意，最好也是選晚上及私下交易的方式，白天只做一些掩人耳目的工作，晚上、檯面下才是真正交易的時間、地點，如此才有成功率。

有太陽化祿在疾厄宮時，太陽代表頭部、腦部、心臟等問題，因此要小心高血壓、腦中風、感冒、頭昏、心臟病、腦血管疾病、腦瘤。以及脾、胃等毛病。還有糖尿病、腎臟病、腸病、眼疾、皮膚病等。

辛年生，有巨門化祿

巨門是暗曜，暗曜帶化祿，自然有許多糾纏。還好，化祿主圓滑、流暢、圓融，是故會化解暗曜的凶性與是非。因此它會拐一個彎，把是非、口才、災禍引領到另一個地方去，而不發生在自己身上。因此巨門化祿實際上也能躲避口舌是非之災。命格上有巨門化祿的人，都很會轉移話題、轉移是非焦點，從而躲避開是非口舌及災禍。

巨門居旺、居廟化祿能賺口才方面的錢財，例如做推銷、保險、或做老師教書都能賺錢，但巨門化祿的財還是不多，而且它是『機月同梁』格體系的財，一定要做薪水族，天天上班、按時領固定薪水，才有較多的財。倘若自己做老闆，則巨門化祿即使在旺位，也會有一票沒一票，斷斷續續，有財的時間不多了。

科祿權

巨門化祿也是一種言語油滑、不實在、諂媚，會說好聽的話，喜說討別人歡心，迎合別人心意的話，是故這種逢合，是帶有是非口舌、不光明正大，暗地裡愛說別人的是非，來圖自己利益的狀況。有巨門化祿時，是非很多，轉來轉去，有迎風轉舵、投機取巧之嫌。

巨門化祿也代表吃食方面的口福好。有巨門化祿在『命、財、官』及『夫、遷、福』的人，會嘴巴大，或嘴內深，吃東西也吃得多，很注重『吃』的品味。也容易把注意力放在吃食上，以滿足對食物的貪念。

巨門化祿也會挑剔、嚕囌，但會以幽默或戲謔的方式來挑剔或嚕囌別人。同時他們也喜歡瞎掰，喜歡無中生有一些事情，但不會出麻煩。簡單的講，他們也喜歡創造是非，或是靠是非來得利，或是做謠言、祕辛的首要傳播者，但事情鬧大時，他就躲在一旁不吭聲了，而且閃得很快。

疾厄宮有巨門化祿時，會有脾胃、大腸、直腸、肛門等消化系統的毛病。也要小心有膀胱、內分泌、腎臟的疾病，更要小心生殖系統、性病、腎虧等毛病。

有巨門化祿時，代表是非、麻煩得到諒解，以及是非災禍有降低及移轉的狀態。即使巨門化祿是陷落的，有是非口舌之災，或逢天然災害，也會災禍稍輕。這是因為化祿有圓滑，包含、包容、相混合再出現之類的含意。因此是非口舌或災禍在發展或攪和時，你會發覺它們會像離心力一樣漸漸的離開中間的核心，而問題不太嚴重了。從五行來看，巨門屬水、化祿屬土，土會剋水，水入土中，成稀泥，也是災禍稍輕的原因了，這是一種和稀泥的方式來減輕是

非災禍的。所以，對於有巨門化祿在『命、財、官』、『夫、遷、福』的人的個性，你就會有一層瞭解了。當有此命格的人，想要得到某些需求或利益時，就會對某一個人死纏爛打，纏著不放，花言巧語、哄騙、瞎掰，或用可憐的哀兵政策，死活都要把東西要到手。但他絕對用的是軟功，絕不會粗暴及動粗的。**倘若巨門化祿在閒宮**，如『父、子、僕』及『兄、疾、田』時，你就沒有這些功力了。而且命盤上，巨門化祿所在的宮位所屬的親人，會有此功力了。

壬年生，有天梁化祿

天梁是官星、蔭星，帶化祿時，表示會因事業上得財，但這是『機月同梁』格，薪水族的財，故一定要做固定工作，天天上班的財。更適合做公職、賺公家、政府的財。天梁是蔭星，故天梁化祿，也代表因貴人得財，或因別人或長輩介紹工作及賺錢機會而得財。

天梁也代表名聲，有天梁居旺、居廟帶化祿時，會因名聲大好而得利益，得財。但是天梁化祿中，也暗藏著帶有包袱、困擾的問題。是故不管是因貴人得財利或因名聲得財利，其中必有後遺症，有背負包袱、麻煩的問題。這些包袱，有些是你自己心中產生的，有些是別人加在你身上，向你要求的。總之，會讓你心中有牽掛，不順暢的。**倘若天梁居陷帶化祿**，則包袱多，包袱的重量重，最後你也不想馱負，而撒手不管了。所以天梁化祿居陷時，貴人運少，不顯現，所帶之財祿、利益也少，同時也不愛管別人閒事。當天梁化祿在巳、亥宮居陷，有祿存同宮（在亥宮），或有祿存相照，形成

『雙祿』格局時，天梁居陷帶化祿也不強，再加上祿存的保守小氣，因此財也是很少，不多的，只有自己的衣食之祿而已，既對別人無幫助，也更得不到、也不想得到別人的幫助。所以這種『雙祿』格局，是沒有太大利益可言的，只是表面好看而已了。

天梁居旺、居廟帶化祿時，有喜歡照顧人，常東拉西扯的管閒事，自以為對別人好，把別人都拉到自己的羽翼下來照顧，像母雞帶小雞一樣，因此增加自己的負擔，背負起許多責任。但天梁居旺時仍有霸道，固執、自以為是的思想作風，所以你愛照顧人，管人，但別人並不一定接受你個人風格的照顧及好意，因此常發生別人不領情所造成之衝突。遇到此種現象，有天梁居旺化祿命格的人，只好摸摸鼻子、吃暗虧了。事實上，是有些人得了便宜還賣乖，不領情，本身是很可惡的行徑的。

天梁居旺、居廟時，本身就含有自私、胳臂肘往內彎，喜歡組織小團體、小圈圈，喜歡組織地下團體，擴張個人勢力，具有政治意味。有化祿相隨時，這種情況就更嚴重了，並且會以此種暗中所設的團體來圖利，既圖利自己，也圖利他人。而且是表面做出公正的表象，而內心則是極不公正的人。天梁居旺化祿是一種照顧，只照顧自己人，對跟自己關係不深的人很漠視，而且殘酷。所以天梁化祿主要是對自己和自己人的祿，是絕不會分給外人的祿。

天梁也具有爭鬥、計謀的內含，有天梁居旺帶化祿的人，是足智多謀、善變，善於用巧妙方法來爭鬥的人。也會表面做一套，私下暗中做一套的人。天梁具有軍師色彩，有天梁居旺化祿時，也許表面不彰顯，但私下玩弄權術的能力是很強的。

天梁化祿在疾病上，代表脾、胃、腎臟的毛病。天梁屬土，化祿也屬土，因為土重，故水道系統會受剋而不佳，故有腎臟及膀胱，泌尿系統、糖尿病等問題。更要小心內分泌系統及生殖系統、子宮、卵巢、輸卵管、輸精管、陰囊等問題。

天梁化祿，亦是喜宗教活動，有迷信宗教的內含。有天梁化祿在命格中的人，會篤信宗教、信神、喜歡神祕色彩的東西，更會相信一些奇蹟。也會在宗教捐款上較大方。有此命格的人，更會自己組織一些新的教派，或另組小的宗教團體來尋找志同道合的人。

人在走天梁化祿的運程時，常會因人情壓力的關係，做一些超越自己能力的事，這主要是天梁化祿有包袱的問題，更是因為其人另有所圖，希望得到其他方面利益的問題而使然的。所以宜多考量、斟酌才行。

權祿科

癸年生，有破軍化祿

破軍是耗星，即使帶化祿，也是破耗多。本身就是『祿逢沖破』的形式。因此破軍化祿，就是找錢來破耗。要破耗就有錢去破耗，因為會東拉西湊的去找錢。所以基本上破軍化祿的破耗，起先很痛快，而後就有一堆債要還，是錢財上的破洞愈來愈大的趨勢，因此要小心破產。

破軍也是打拚、奮鬥之星，帶化祿時，化祿愛享受，是故打拚的能力會受其影響，而且會圓滑的找藉口來阻礙打拚，或是用四兩撥千斤的力量來打拚，有投機取巧的特性，也是不實在的打拚方式。

破軍也是改革之星，帶化祿時，會有圓滑，圓融的改革方式，而不直接破壞，因此傷害力小。它會改革一點點，做部份改革，或

做邊際改革，而不改革中心點，所以有時候根本看不出它有改革，因此是效果不彰的改革。

破軍化祿帶有桃花的成份，這是一種爛桃花。這是一種行為放蕩、不計較形式好看與否，也不計較名份及社會道德的眼光而有的一種桃花。因此有破軍化祿在命、夫、遷、福等宮的人，容易有不倫的愛情，婚外情，或先同居、不結婚，及與已婚者發生關係的狀況。其人也會在道德觀念的水準上很放鬆，喜好酒色財氣或好賭、淫之事。在人生成就上也難以有大志氣。

破軍化祿本身的財少，是延伸出來的財。例如因為有一筆花費，或想買東西，而想辦法籌錢所籌到的錢。因此破軍化祿的財根本就不是自己的財，而是別人的財，之後也是要還債和抵償的，也賦有其他條件的。因此有破軍化祿在『命、財、官』和『夫、遷、福』的人，都不能做生意，會有擴大膨脹信用，而終有失敗墜落的一天。有此命格的人，要做薪水族，領固定薪資才好。

有破軍化祿在六親宮的人，表示六親關係是沒有常理可循，沒有道理可講，好好壞壞，似親密又彼此有懷疑，或有心結，只是在某些利益上有瓜葛才相融洽的。同時也表示此親人或友人，是錢財搞不清楚，會東拉西湊來借錢，以及耗財多，是非不明，自私，只重視自己享受、為財忘義之人。例如：**破軍化祿在兄弟宮**，其兄弟就有上述現象。破軍化祿在父母宮，其父母就是個不會理財，頭腦不清，有時對你好，有時對你壞，情緒不穩定，是非不明，你拿錢給他，就對你好的人。

破軍化祿在疾厄宮時，代表身體好好壞壞，幼時易患感冒、皮膚病，或膿腫之症，以及呼吸道較弱，小心支氣管炎、肺炎。亦要

小心腎臟發炎、膀胱炎、及淋巴炎、眼疾及花柳病、性病，以及泌尿系統等毛病。

破軍化祿有是非，但會不按牌裡出牌，它是稍帶溫和、狡滑的方式來拖延，或聲東擊西，以達到爭取時間和爭取利益，把後面的災禍效應延後處理。所以在破軍化祿的時間中花錢、破耗是當時毫不心痛的，而事後再來後悔，或『債多不愁，蝨多不癢』，皮厚，根本無所謂的形式。因此破軍化祿是負面的影響多，而正面的影響少的狀況。當破軍化祿居廟、居旺時，這些負面影響，你是遊刃有餘、技巧嫻熟的會應用這套手法來找錢、花錢。要花多少錢，就能找到多少錢。**當破軍化祿居陷時**（廉破同宮），表示這些負面影響較嚴重，你在找錢上不易，但破耗仍多，因此是找來的錢也不足以應付破耗的，是坑洞大，杯水車薪、九牛一毛、無濟於事的。

由以上可知，每一種化祿，都有好、有壞，有的優點多，有的優點少，不能一概當作有財賺。財的份量也各自不同。而且大多數的主星帶化祿是財不多，也不主財的。只有財星居旺帶化祿才主有大財。才對人有大利益可言。

第五章　『化祿星』在主要宮位、次要宮位及閒宮對人之影響

在每個人的命盤中，主要宮位指的是『命、財、官』。次要宮位指的是『夫、遷、福』。閒宮指的是『父、子、僕』和『兄、疾、田』等宮位。

當化祿出現在『命、財、官』中時，你的本命中有錢，至少會比一般人富裕一些，也能賺到足夠的花用，在錢財上比較順利。當化祿星在『夫、遷、福』等宮位中時，表示是你的內在想法，感情上、環境中有財，因此能人緣好、做事圓融、ＥＱ好。當化祿在六親宮出現時，表示你和該親屬或友人的關係好，他們會對你有利，但並不一定會給你錢財。

第一節 化祿在『命、財、官』對人之影響

化祿星出現在『命、財、官』對人之影響

任何星曜出現在命宮都是會決定此人的思想模式，影響到其人的性格和處理、決定事物的一定的思慮的軌跡。因此在『命、財、官』一組三合宮位中，命宮是首當其衝，也是最重要的一個宮位了，而命宮就是一個人的頭部，『財、官』是其手腳一般。

化祿在命宮

化祿星在命宮出現時，並不一定此人命中有財。要看八字中的財到底有多少，才能斷定此人是否命中有財。

化祿星在命宮出現時，一定要主星是財星居旺帶化祿，並且『財、官』二位都很不錯，沒有任何煞星入內的命格，才能說：『此人命中帶財』。其他那些命宮中有化祿星，但財帛宮、官祿宮都不好的人，實際是命中無財、常會是缺財很凶的人。只不過命宮有一點財祿，好讓他帶一點『生』的氣息，活命的源頭，否則早就生命不長，離開這個世界了。所以命宮中有一點化祿，而財、官二位不好的人，實際上所擁有的是生命之財，是原始生命源頭的基本之財，也算是身體健康之財。倘若其人健康情形又不好，又有病弱之身，則此人的原始生命之財更弱，生命也不會長久了。

不富裕的人，窮的人能活著，全靠生命、本命之財在支撐。命宮有財，『財、官、遷』都要好，才是真有財，會發富。即便命宮不是財星，只要『財、官、遷』等宮位中有財，有吉星居旺，一生順利幸福，財也比較多。所以即使化祿在命宮出現，也不代表此人真有錢。很可能只是在人緣上圓融一些而已。

例如我最近算的一個命，命宮是天同化祿坐命酉宮，對宮（遷移宮）是太陰陷落、地劫、左輔。財帛宮是巨門居旺、祿存。官祿宮是天機陷落又化權。看起來好像還不錯的一個命格，三合宮位中又有權祿、財帛宮又有祿存，一般人都會解釋帶財。但實際上，命宮的天同居平化祿，本身財少，又有對宮，遷移宮的太陰陷落、地劫、左輔，表示環境中原本就窮困又遭劫財，還帶有更窮困與劫財的助力，因此這個天同居平帶化祿的財，真是少之又少，無法應付實際環境所需了。這也會使其人心中的想法偏頗，有古怪的思想。天同居平化祿只會使其人外緣還不錯，長相美麗，看起來討人喜歡，但工作能力是完全不行的。在此人的工作能力方面，前面在『十種化權星』的部份也講過，天機陷落帶化權是聰明不夠又愛管，管又管不好，工作常斷斷續續，沒有一個工作是正經工作的。而財帛宮的巨門、祿存，只有一點點財，而且必須用口舌是非來賺錢，不想講、怕是非，便沒有財了。而且此人的身宮又落在財帛宮，其人內心愛賺錢，心中常有是非起伏、又保守，故是想賺又沒有賺，因為不喜歡向人推銷，愛面子之故，所以你看此人的財富到底在那裡呢？

上述要此人命中是否有財，還有一個更簡單、直接的方法，就是直接在八字上找財。例如此人的八字是：丙辰年、辛丑月、辛巳

日、壬辰時

丙辰
辛丑
日主 辛巳
壬辰

日主辛巳是石中美玉，有壬水出干為『雨後吐彩』。因此此人會長相美麗，命格清秀。但辛金的財是甲乙木，甲木是正財，乙木是偏財，但此人四柱無任何甲、乙木，故此人命中不帶財。也由此可看出紫微命盤中之天同化祿在酉宮，對宮又有太陰陷落、地劫、左輔，以及財、官的配置，真是巧妙的傳達了此人命格中有關富貴的資訊了。而且紫微命盤中還會顯示出來告訴你，為什麼此人會無財。在他的子女宮中有廉貞化忌、天相、擎羊、文昌陷落化科、火星，子女宮是『刑囚夾印』帶化忌之格局，子女宮代表才華，故此人在才華上是一蹋糊塗，頭腦不清，計算能力又不佳，什麼都不會，有一點想法或點子要做什麼，便會惹官非禍害。亦要小心生出殘障子女。並且大運、流年、流月在此『刑囚夾印』帶化忌三重逢合的年歲裡，會有人生的大劫關，要小心喪命。

在十個化祿星中，只有兩個化祿星帶財是多一點的，如太陰居旺化祿，及武曲居廟、居得地化祿。另外貪狼居旺化祿也有財，是因好運機會而帶來的財。

而人的命宮帶化祿，也並不是真有財。倘若是財星居旺帶化祿是真有財，但要看遷移宮、財帛宮、官祿宮的配合好壞，以及福德宮的好壞，才能定出此人的財富到底有多少？是在社會金字塔的上、中、下層中的那一層。

命宮中會出現十種化祿，請參考前面化祿星之解釋。

化祿在財帛宮

當化祿星出現在財帛宮時，多少會在財運上較順利、豐富一點。但也要看是跟隨什麼星，以及主星的旺弱吉凶，才能定出此人手邊可花用的錢財到底有多少？是不是真富裕？還是只是假象？

在財帛宮有太陰居廟、居旺帶化祿，以及武曲居廟、居得地帶化祿時，要同宮或對宮的宮位中沒有化忌、劫空、羊、陀、火、鈴來同宮剋害或相沖相照的，才能算是真正好的財運格局。因為有這些煞星同宮時，便是『祿逢沖破』，又加上『財星被劫』，自己財富的層次一下子就跌落許多了。『祿逢沖破』就無財。『財星被劫』就財少了。

當財帛宮的對宮有煞星來相沖照時，財帛宮的對宮就是福德宮，是財的源頭。源頭中有不吉的煞星，財的起源就不好，再加上福德宮也是人思想、智慧的起源，故對理財和賺錢的觀念思想就不好，如何能保有財及賺到財富呢？所以即使有一時的錢財，很快就會有起落不順了，財也享用不久了。

財星都是稚嫩、柔弱的，很怕煞星來刑剋。化祿也是財星，自然也怕煞星。所以很多財星坐命者，或命中財多的人，都怕與羊、陀、火、鈴、劫空、有化忌星坐命的人來往，以防受到刑財之剋。

十種化祿星在財帛宮時，各有其賺錢的模式

有廉貞化祿在財帛宮時，會以人緣交際、企劃、計謀，或是以吃食、玩樂上的投其所好，交換利益，靠享樂來賺錢。亦會賺桃

花、色情（包括吃軟飯和做妾）或蒐集品之類的錢財。例如蒐集郵票、錢幣來賺錢。

有天機化祿時，其人會做上班族、公務員，替人工作，或是做朝九晚五的工作，或是做天天上班、有固定假期的工作。而且常有外快可賺。

有天同化祿時，其人會做輕鬆而天天上班，有固定的工作。或是根本不工作，閒在家裡，有別人供給你錢花，十分舒適愜意。

有太陰化祿時，太陰居旺時，其人會做薪水族來賺錢，或賺利息錢或房租。其人很會賺錢及存錢，也很會理財，其人對錢的敏感度好，常在金融機構中工作，與錢和鈔票很接近，也適合賺女性的錢。**太陰陷落帶化祿時**，也會做薪水族，亦可能在金融機構中工作，但賺錢少，理財上有瑕疵、起伏，就算賺利息錢或房租，也常會遇麻煩，而錢財不順或損失。

有貪狼化祿時，貪狼居旺帶化祿時，表示會用人緣機會來賺錢，而且機緣甚好，只要努力打拚、多往外跑，和多到人多的地方就有財祿，賺錢十分容易。而且什麼錢都能賺。貪狼居陷帶化祿時（廉貪同宮），表示人緣機會很差、很低，但還是竭盡力量在拉攏人脈，其人也稍為不太討厭了。但仍機會很低落，賺錢不多。這是一種腦子笨，沒有賺錢方面所致的財窮。只有做固定的工作可平順。

有武曲化祿時，武曲必須居廟、居得地，化祿才會旺度高而有用。其人的財富才會多。其人會以做生意，或拉攏政治關係，拉攏人際關係來賺錢。自己做生意最好，會直接接觸到錢財，而且錢財流通快而順利，一生不為財愁。武曲居平帶化祿時，財也是有一些，但財不多，因為會和七殺、破軍同宮，因財被劫，故是小財或衣食之祿。做薪水族有固定薪資可平順。

此祿因七殺、破軍同宮的關係而『祿逢沖破』了，故也看不到大財。武曲居平帶化祿是不可做生意賺錢的，否則必有耗損。

有太陽化祿，太陽居旺帶化祿，是做公職、薪水族的財。太陽居旺時，薪水多而豐厚。太陽居陷時帶化祿，仍是薪水族、公職的財，而薪水較少。此種財有耗弱的跡象，因太陽化祿不會理財，且漫不經心，故容易被劫財或耗財。

有巨門化祿，巨門居旺帶化祿，可賺用口才吃飯的錢財，例如做推銷員、保險經紀人、教師、訓練培育人才的工作。也適合做主持人、演講者、公關、做廣告之類的須口才好的工作，會賺到錢。亦可能做律師、法官、或在法院、監獄或黑道等與是非有關的工作。巨門居陷帶化祿時，不工作或工作斷斷續續，亦可能靠人吃飯，或做小妾、吃軟飯、靠人養活。

有天梁化祿時，天梁居旺帶化祿時，仍是做薪水族、公務員，必須天天上班，才會有錢賺。也會靠貴人介紹為你生財，帶給你財祿。天梁居陷帶化祿時，不工作，或工作不長久，賺錢不多。亦會靠人養活，沒賺錢能力。有天梁化祿在財帛宮，亦有包袱，貴人會附帶條件的帶財祿給你。

有破軍化祿時，破軍居廟、居旺化祿時，有需要，想賺錢時，就會去賺。不想賺時就不做工作。想花錢時，就找得到財路，是借、是賺，只要有錢就好了。不會管其他的問題。破軍陷落帶化祿（廉破同宮），常沒錢，也賺不到錢，但一旦借到錢或有一些進帳時，便很快的花掉，根本存不住錢，常在窮困之中。此人工作也不長久，更會不做事賺錢，容易靠人養。

化祿在官祿宮

化祿在官祿宮時，會多少在工作上得一些財。但財多、財少，要看化祿所跟隨之主星是什麼？又要看主星的旺弱來定化祿所帶財的多寡。以此來斷定其人在工作上之能力。化祿所跟隨之主星居廟、居旺時，其人較聰明、能力也好，在工作上順利，也賺錢多。化祿所跟隨之主星居平、居陷時，其人的聰明度大打折扣，智慧較低，能力也差很多，但比沒有帶化祿時會略高一點。在工作上的順利度亦不算好，只是勉強做著罷了。所賺的錢財也會少很多。

十種化祿星在官祿宮的賺錢及工作形態、狀況大致和『十種化祿在財帛宮』的狀況一樣，因此請讀者參考前面的敘述內容。

官祿宮有化祿，且有羊、陀、火、鈴、劫空、化忌、殺、破同宮或相照時，都是『祿逢沖破』，而無祿或財少的狀況。只有貪狼化

祿和火星、鈴星同宮或相照時，有暴發運，有大財可進，是特殊的狀況。其他的化祿都怕煞星的沖剋，刑剋，財祿就會沒有了，或減少很多了。

第二節 化祿在『夫、遷、福』對人之影響

化祿星在『夫、遷、福』等宮對人的影響，整體的來說，就是有財祿在人的心裡、周遭環境之中。表示此人活在一個帶財的環境之中，因此在心態上會舒適、圓滑，對人、對事都較寬宏，會為別人多想一點，為別人設身處地的來著想，因此他也會把自己放在較吉、較佳的位置上，不容易招災惹禍。更會人緣關係好，心中看得

到財，賺錢得財也容易一些。

化祿在夫妻宮

當化祿星出現在夫妻宮時，表示其人內心有財，性格較圓融，人緣好，也會找到人緣好、性格圓融、略小有財的配偶。其人不喜和人有衝突，喜歡講理，或用交換的方式和人溝通。十種化祿星就引導出十種內心情感性格趨向的程式。因為夫妻宮不但會表現出你的配偶的性格特徵。同時也代表你自己內心的感情模式，例如說你喜歡什麼樣的人、事、物，以及你會用什麼樣的處事方法來解決問題。

當化祿星出現在夫妻宮時，只要沒有煞星同宮，你都會用圓融的方法來處理、解決事情，並且可面面俱到，討人歡欣的。有煞星同宮時，你就會做事、做決定會有瑕疵，常有思慮不周到的問題了。而且在感情上會有不順利、鬱悶、頓錯之感了。而且你和配偶之間的感情也會有些摩擦，想法不一致，價值觀略有不同，以致於感情變淡或不和了。

當化祿星在夫妻宮出現時，一定要是主星居廟、居旺帶化祿，此化祿星對你才有用，主星居平、居陷帶化祿，其實只有平常的、稍為具有一點的人緣關係，並不表示配偶會帶財給你，也不表示夫妻感情有多好，更不表示你會在做決定或付出感情時會細心、順利、做得好，及付出感情較多。反而是感覺不深刻，似有若無的。

在夫妻宮出現最好的化祿星，當屬太陰化祿了。並且要是太陰居廟、居旺化祿，夫妻感情最親密相合，也會得妻財和夫財。並且配偶最貼心，戀愛長久、愛不完，配偶也最能容忍你。同時你也會對配偶付出很多心力。其他在夫妻宮有如太陽化祿和天同化祿則是較次好的化祿，也非常好，表示配偶寬宏不嚕嗦，對你不計較，不會管你花錢的事，也不會干涉你太多。

有天梁居旺化祿時，表示配偶比你的年紀大，或夫妻年紀差距大，配偶對你很好、但會嚕嗦，讓你覺得心中有負擔。天梁居陷帶化祿時，配偶對你的照顧不算周到，是你付出的較多。你們可能聚少離多，或彼此關係保持平和而已，婚姻關係較淡、不強，只是不吵架而已。是故，天梁陷落帶化祿時，化祿沒什麼作用。如果再有祿存同宮，形成『雙祿』格局，財的部份還是少。配偶會是小氣保守之人，對你的照顧也不多。你們只是平常夫妻。

夫妻宮有廉貞化祿、天機化祿、貪狼化祿、武曲化祿、巨門化祿、破軍化祿時，這些都是有好、有壞的化祿星。

廉貞化祿在夫妻宮時，表示你內心喜好特殊享受，一種是喜好情色方面的東西，一種是有蒐集的癖好。你對『情和色』的興趣特強，喜歡和人拉關係，或對異性有興趣。也容易有婚外情，或做別人家的第三者。你對感情道德和貞操是不講究的。同時你的配偶也會是這樣的人。並且你和配偶也容易是先上車後補票，或先同居再結婚的方式而發展婚姻關係的。

天機化祿在夫妻宮時，表示你的配偶很聰明，鬼怪，有一些小本領賺取衣食之需。而你本身也是自做聰明式的人。你也一定要找你所認定的聰明人來做夫妻。當然這種聰明在別人眼中並不一定算是聰明，但你自有主張。因此兩個聰明人在一起就會好鬥，看一看誰最聰明？彼此要聰明的結果就會兩敗俱傷。因此這種化祿也等於無祿了。

貪狼化祿在夫妻宮時，表示配偶很圓滑，太圓滑了，可能會不負責任。化祿雖有一點財，但配偶要把錢交給你，你能花得到才算是有財。

並且貪狼化祿非常聰明，非常聰明而晚婚，這也是不算好的特點。

貪狼居旺化祿在夫妻宮表示你在內心中非常能把握好運來賺錢。而且你內心很圓滑，在人際關係上很圓融，但在心態上會與人保持距離，表面很親密，而實際內心中會不希望被別人太瞭解，而保有自己內心深處的空間，不願讓人瞭解自己深層的感情世界。

當貪狼居陷帶化祿時（廉貪同宮），外在的人緣仍不好，為人油滑、不正經，桃花亦為邪淫桃花。亦有不正當的男女關係。

武曲化祿在夫妻宮時，居旺時，表示你的配偶很會賺錢，也精

於理財，但常有兩極的性格。一種是剛直的性格，一種是精於計算，為利是圖的性格。而你自己的感情世界中也具有剛直、頑固，有稍許會變通，變通不多，一切以財利為重，又小氣、又油滑的思想模式，你是以金錢上的價值觀，以及政治上圓融的手腕技巧來做處事、做人的考量的。

武曲居平帶化祿在夫妻宮時，如武殺同宮、武破同宮時，表示配偶工作很辛苦，只賺一點錢。在你的心中財也非常少，所以凡事過得去便可以了，不太在乎錢的事。你的性格表面強硬，但有時懦弱，喜歡選有性格的人做配偶。

巨門化祿在夫妻宮時，夫妻之間喜歡用打情罵俏、相互鬥嘴的方式來溝通、生活。配偶是個話多聒噪的人，也會是個油滑不實的人。你的感情上雖多糾葛，但你們夫妻間仍能用哄一哄的方式來溝通、和好。也表示在你內心思想上，喜歡做事會用拗來拗去、是非曲折的方法，來達到你的目的，做事不乾脆。

破軍化祿在夫妻宮時，即使在廟位、旺位，都表示配偶是個言行不實在、不守常規、常矩的人，喜特立獨行，破耗多，理財能力不行，花的比賺得多，喜歡賒帳、貸款，會找錢來花的人。同時在你的內心深處也認同此行事風格的人。你也在性格上有很大的寬容度，也會為破耗而找錢來花。

化祿在遷移宮

當化祿出現在遷移宮時，表示在你周遭的環境中有一些財，而且環境中亦會有一些桃花人緣和機會。同時也表示你在做人上還很圓滑。

在遷移宮中要以財星居旺帶化祿為最佳，例如太陰居廟、居旺帶化祿及武曲居廟、居得地帶化祿（武相同宮）。其次是貪狼居廟、居旺帶化祿。其他的廉貞化祿、天機化祿、天同化祿、太陽化祿、巨門化祿、天梁化祿、破軍化祿的財都較少，而且也是意義不相同的財。

化祿星在遷移宮時，其人的生活明顯的輕鬆、舒適一些。因為環境中有財，不論財多、財少，多少也會影響到人在個性上不孤獨，不小氣。但不可有煞星同宮，否則『祿逢沖破』，也同樣是無財，享受不到財。並且主星要居廟、居旺才真正享受到財，與帶財多。否則最多也是人緣桃花的問題與言語油滑一點的狀況了。

十種化祿在遷移宮的解釋，請參考前面有關十種化祿星的解釋。

化祿星在福德宮

當化祿星出現在福德宮時，表示你天生帶財，本命有一點財，所以你能享受到一些財。並且在你的思想上、智慧上會有一些圓融的想法，這些想法會對賺錢有利，也會對人生有利。

當化祿星在福德宮時，其人在生活上愛貪圖享受。十種化祿就是十種不同的精神享受。例如廉貞化祿，就是有關桃花、男女關係上，以及特殊癖好上的享受。而天機化祿是聰明才智、耍小聰明及人生變化上的享受。而天同化祿是偷懶享福上的享受。太陰化祿是愛情和錢財，以及敏感力上的享受。貪狼化祿是好運上、人緣上、聰明力、活動力上的享受。武曲化祿是錢財和政治圓融、融合力方面的享受。太陽化祿是事業順利，以在男性社會中關係好的享受。巨門化祿是口福好、甜言蜜語、以及是非能用口才化解的享受。天

梁化祿是受長輩、貴人照顧的享受。破軍化祿是想花錢就能找到錢的能力享受。

福德宮有化祿星的人，一生中也不會孤獨。但要注意不能『祿逢沖破』，或和煞星同宮、沖照才行，否則只有操勞奔波而享不到真實的財利和福氣了。

第三節　化祿星在閒宮時對人之影響

化祿星在閒宮時，指的是在『父、子、僕』及『兄、疾、田』等宮位時的狀況稱之。

化祿星在『父、子、僕』時，對人之影響

化祿星在父母宮、子女宮、僕役宮時，皆是與這些親屬和朋友、部屬的關係較和睦、親密的現象。而事實上，十種化祿在這些六親宮位出現，各有其不同的意義和相處模式，也有不同的親密度。

化祿星在父母宮

例如廉貞化祿在父母宮，表示父母有特殊的癖好，或喜交際應酬，或有感情問題、婚外情之類的事，父母與你之間的關係尚和睦，但是有距離的。

如太陰居旺或居廟帶化祿，在父母宮，表示父母對你關懷備至，且對你有金錢上的幫助，與你的感情非常親密，而且是感情豐

富、貼心的。倘若再有一個地劫或天空同宮，表示父母對你雖很好，但無法真正幫助到你，或是他的關心是你不需要的。太陰居平、居陷帶化祿在父母宮時，表示父母的經濟能力不是太好，但仍對你不錯，對你的照顧也屬一般。你和父母的緣份是表面不錯，但內心對感情的感受力不是很強的。

化祿在父母宮出現，也表示你在天生遺傳上，得自父母方面有關身體健康，與天生資源方面的遺傳都還不錯，有加分的趨勢。因為父母宮和疾厄宮相對應，因此會影響到你的健康問題，以及天生資源（命裡的財）的問題。

化祿星在子女宮

化祿在子女宮出現時，一方面是與子女的關係較和諧、親密。

一方面也代表才華顯現的多寡。有化祿在子女宮時，只要沒有『祿逢沖破』，都會有較多一點的子女。會比原來所生的數量多一些。例如太陰居旺在子女宮時，原本可生四、五個小孩的人，有太陰居旺帶化祿在子女宮時，就會生五、六個或七、八個小孩子。

十種化祿星在子女宮時，對跟子女的感情親密度都不一樣，與對子女教養的方式也不一樣。其中以子女宮是天同化祿、太陰化祿、太陽化祿在子女宮時，小孩最好教養。你也不會因小孩的問題而煩惱多，小孩很貼心和聽話。子女宮是廉貞化祿時，小孩是表面聽話而私下在做什麼你並不知道，你和小孩的關係似乎不錯，但實際上是有距離的，而且小孩有特殊癖好。有天機化祿在子女宮時，小孩聰明鬼怪，嘴巴甜，你根本搞不過他。當子女宮是貪狼化祿時，你與小孩是表面很好，但溝通上仍有問題，你對他的瞭解仍不

多，也關心不夠。**當子女宮是武曲化祿時**，你的子女性格剛直又油滑，未來很會賺錢，或喜愛賺錢，你也對他不是很瞭解。**巨門化祿在子女宮時**，表示你和子女常吵來吵去很熱鬧，愈吵愈親密。你和子女之間口舌是非很多，你總是說不過他，小孩很會哄騙你，有時是又好氣，又好笑的。**天梁化祿在子女宮時**，你對子女的照顧很多，很盡心盡力，但會成為包袱，也影響子女的發展，或子女也不領情。**破軍化祿在子女宮時**，表示子女讓你損耗錢財很多，而且你很甘心為他花錢。即使借錢貸款也會為他花。同時將來他也是個為花錢、耗財而找錢來花的人。

十種化祿在子女宮時也代表十種才華。廉貞化祿是人際關係、男女關係、特殊癖好上的才華。天機化祿是聰明、善機變、為人服務方面的才華。天同化祿是享福、吃穿享受方面的才華。太陰化祿是談戀愛、賺錢、存錢、買房產、敏感力方面的才華。貪狼化祿是好運機會、桃花、男女關係、人緣關係方面的才華。武曲化祿是賺錢能力、政治能力方面的才華。太陽化祿是事業上、工作上、在男性團體中交際能力的才華。巨門化祿是口才和口福上的才華。天梁化祿是做名聲口碑、照顧別人、慈善心方面的才華。破軍化祿是花錢、買東西、破耗、改革、除舊佈新方面的才華。

化祿星在僕役宮

化祿在僕役宮時，表示你和朋友及同事或部屬都有較圓融的關係，這些朋友和同事、部屬也會幫助你，使你在生活上得力。十種化祿在僕役宮代表你與朋友、同事、部屬的十種關係模式，也代表十種不同意義及親密度的關係。所以你與朋友的關係深淺，以及是

否真正能享受到朋友帶給你的財利或利益就各有不同了。同時也表示你是用什麼態度及方式來與朋友、同事、部屬來相處的，你們之間的互動關係是什麼？

有廉貞化祿在僕役宮時，你與朋友或同事、部屬是因有特殊癖好而臭味相投的。而你和朋友之間的關係只停留在交際應酬方面的親密度。過一陣子就會換一批朋友。你和朋友之間也會是利害關係所延伸出來的交情友誼。

有天機化祿在僕役宮時，表示朋友都是聰明、油滑的人，你們表面感情好，但實際上朋友之間多是非，感情並不真切、深厚。但朋友在小地方仍會對你有利。

有天同化祿在僕役宮時，表示朋友運很好，朋友都是溫和，沒有侵略性，處處會附和你的想法，和你很搭配的人。但是朋友多半

是在吃喝玩樂、享福上和你志同道合之人。

有太陰化祿在僕役宮時，居旺時，表示朋友是溫柔、體貼，能敏感的、深切知道你的心意的人。因此朋友是能知心，可以相互訴苦談心的知己之人。並且你的朋友還會在財祿上幫助你。若是太陰居陷帶化祿，代表朋友不富裕，但有衣食，是只能談心，但在錢財上無法幫助你。

有貪狼化祿在僕役宮時，表示朋友是表面與你圓滑的應付，但與你在感情上仍有距離，他們很圓滑，表面友好，但無法深交。同時你也不會放心和他們談心事，常會有謠言或背叛之事發生。

有武曲化祿在僕役宮時，表示你的朋友很喜歡或很會賺錢，朋友較富有，他們表面圓滑，但勢利。也會讓你得到利益，佔點便宜，但不多。

有太陽化祿在僕役宮時，居旺時，表示你與男性朋友較親密，關係和諧，磁場接近。你也與事業有發展的人，做主管的人，做領導的人較親密，因此朋友中多是事業上較有成就的人。當太陽居陷化祿時，則朋友中的人，成就不太高了，會是內向、性格悶的人，但依然和男性或陽剛氣的人較相合。

有巨門化祿在僕役宮時，表示朋友都是口蜜腹劍多是非之人，但口才好，很會說，也很會騙人，要小心上當。你也會與朋友表面和諧應付，暗中爭鬥不已，所以在交朋友方面，你有明一套、暗一套的方法。

有天梁化祿在僕役宮時，表示你的朋友都是表面要照顧你，私下又會態度不好的人。並且你對朋友也一樣，常想幫助人，後來又覺得麻煩或糾纏不清，內心不痛快。

有破軍化祿在僕役宮時，你的朋友是行為放蕩不羈，讓你耗財多的人。朋友表面與你和諧，但總會讓你吃虧損耗。你在選擇朋友時不精明，朋友總是先給你下甜餌，再狠咬你一口。還有就是：你的朋友常在想要花錢耗財、要借錢時，就會想到你，來找你。

化祿星在『兄、疾、田』之影響

化祿星出現在兄弟宮時，表示你與平輩之間的關係，與兄弟之間的關係較圓融、和諧。這是平輩之間的助力。十種化祿，就有十種不同的感情深度和助力大小，各自不同。請參考前面十種化祿的解釋，以及化祿在父母宮或子女宮的解釋。

化祿星出現在疾厄宮時，對其人的健康情形大致有加分，較好的層面解釋。但也要看情形。有時候是對該一病情有加重的狀況。

科祿權

例如有廉貞化祿在疾厄宮時，表示有血液方面的毛病，或血光之災、開刀、長膿包等現象。化祿有流動快的意思。是故廉貞化祿在疾厄宮時，其人若出血，會噴出大量的血液，必須小心。

化祿又屬土，代表脾胃，要小心脾胃出血。有廉貞化祿在疾厄宮時，是火土相生，會壓制、剋制水，故亦要小心腎臟、膀胱方面較弱的情形。

疾厄宮有太陰化祿時，太陰代表的是身體中的水道系統，如淋巴或腎臟、膀胱等，以及生殖系統。男性要注意下半身寒涼、腎虧、眼疾的問題。女性要注意腎、膀胱、子宮、赤白帶、婦女病及輸卵管、卵巢等問題，都有加重病況的現象。

化祿星出現在田宅宮時，表示房地產會增多。只要沒有『祿逢沖破』，都會家中較富裕一點。但十種化祿各有其富裕的層次，也各

有其家人和諧的親密度。例如太陰居旺化祿，太陽居旺化祿、和巨門居旺化祿、武曲居廟化祿在田宅宮，就真的房地產會增多。而破軍化祿和天機化祿、房地產都有起伏，會進進出出，是有時有、有時無的狀況。貪狼化祿在田宅宮時，是表面似有，而若無，仍是和房地產緣份不深的狀況。家中人相處的狀況也和房地產存留、進出的狀況一樣，存留多的，家中人親密度也較好。田宅宮也是個人的財庫，是故有化祿星時，家中稍富裕一些，有加分的現象。即使田宅宮是破軍化祿，財庫破耗多，但也是有錢來破耗。這些錢不論是借的、向銀行貸款的，總之能找到錢來破耗。

第六章　化科星的善惡吉凶及內含

化科星是屬於文質的星，五行屬木，也主名聲，化科既代表氣質、修養，又代表一種辦事能力。因此化科入命宮時，其人會聰明、俊秀、氣質好。也能修鍊修養，不會成為粗俗的人。

化科星本身比較弱質，不喜和人爭鬥，也無法和人爭強鬥狠。因此它和化權、化祿的層次相比，相對的就非常弱質了。化權喜掌權、掌握主控力。化祿是想盡辦法，軟硬兼施的想得財和利益。化科只會在文質修養上著力，有清高出世的想法，也有自己特殊的、緩慢、優雅的節奏。所以化科星和化權、化祿、化忌是完全不一樣

權祿科

的化星。

化科星在人生中，只能看做是一種助力，因為它比較軟弱。它也會在暗中對人生有一定的影響作用。大多有化科星在『命、財、官、遷』的人，多半在八字中有木多的傾向。木主仁厚，故，化科入命，多半有仁厚之心，也會不衝激，性格較溫和，不躁進，有哲人之象。

十種化科星之意義

甲年生，有武曲化科：代表在錢財上、政治手腕上很有方法運作，及很有見地。因此很會理財，理財有一套。會用有氣質的方法處理政治的事（在人際關係中三人個以上相處就是政治了）。亦表示會用斯文的方法解決武力的事。亦會用有氣質的方法來賺錢。

乙年生，有紫微化科：代表最高氣質與最高辦事能力。以及會用最大的能力使一切平順、祥和的力量。也代表特殊美麗、高貴、精緻的形象。

丙年生，有文昌化科：代表文學、藝術方面的氣質、涵養。也代表有氣質的、精明、計算利益的能力，與特殊的文質的辦事方法及能力，還代表簽約，與寫作方面的特殊能力。文昌化科居陷時，使無上述能力。

丁年生，有天機化科：代表高格調的聰明能力與機變能力。還代表有氣質的變化與有方法來變化與變通。天機化科居陷時，便無能力而懦弱。

戊年生，有右弼化科：代表有高格調，又貼心，又有實質性質的幫助。此幫助是來自平輩的女性貴人。亦代表會運用方法來霸道的幫助自己喜愛的人。

己年生，有天梁化科：代表會運用方法來照顧人。亦代表有文質的、響亮的、高品格的名聲。更代表在學術界或仕途、官途上會有高知識的助益而得高地位。亦代表具有文藝及學術上的做事能力。天梁化科居陷時，便無學術能力，氣質也較差。

庚年生，有天同化科：代表有柔美、溫和的高貴氣質。亦代表有平順、享福的能力。還代表有使萬事平和、平熄紛爭而辦事能力。

辛年生，有文曲化科：代表在口才上、才華上有高貴、美妙的涵養與氣質。並且在韻律感、音樂、舞蹈上有特殊的敏感力與學習能力。在口才上會有氣質及特殊的辯才。文曲化科居陷時，上述才華皆無。

壬年生，有左輔化科：代表有高格調、貼心，又有實質的輔助力量及幫助。此幫助是來自平輩的男性貴人。亦代表會運用方法來忠誠的幫助自認是朋友或主人的人。

癸年生，有太陰化科：代表在外表上有優美、溫柔的氣質，以及在錢財上很有方法來理財。在感情上很會處理感情的事。太陰化科亦表示有浪漫情懷，與天生氣質浪漫、優美。太陰化科還帶有隱藏得很有方法跟技巧的意思。

化科星會因主星的旺弱而有旺弱，化科居平、居陷時，化科無用，其特質會不明顯或完全性質相反。

紫微成功交友術

成功的人都有成功的好朋友！

失敗的人也都有運程晦暗的朋友！

好朋友能幫助你在人生中『大躍進』！

壞朋友只能為你『扯後腿』！

如何交到好朋友？

好提升自己人生的層次，進入成功者的行列！

『交友成功術』教你掌握『每一個交到益友的企機』！

讓你此生不虛此行！

第七章　化科星在命盤中主要宮位、次要宮位及閒宮對人之影響

第一節　化科星在『命、財、官』對人之影響

『命、財、官』是人在命盤中最主要之宮位。有化科星入『命、財、官』時，其人一生多半會講究氣質，做事也有方法。做事會按步就班，很一板一眼，有秩序，講道理，合乎人情法則，不會亂來。在性格上也容易溫和，不衝動，頭腦清晰，學習能力強，

權祿科

待人處事會平和、有禮。其人也較會知識水準高。十種化科星各有其不同的意義。也會因化科居平，居陷時而無用，特質不明顯。

化科星入命宮

化科星入命宮時，就代表其人的性格上就特別溫和，講究修養、體面、愛面子了。而且其人就會具有特殊的能力了。例如有武曲化科，就特別會理財，性格上也會有氣質的剛直了。

有紫微化科入命宮時：其人會特別氣質高貴、高雅，也會天生好命，會有方法撫平一切，使煩雜的事而平順無波。

有文昌化科入命宮時，文昌化科需居旺才有用，其人會特別會唸書，頭腦精明，計算能力好。計算利益的能力更好。文昌陷落帶化科時，化科為無用，仍不會讀書，不精明，計算能力差，想好好唸書，但心有餘而力不足。在計算利益方面也是常糊塗的。

有天機化科入命宮時：天機居旺帶化科，其人會特別聰明有氣質，智商高，做任何事都輕鬆，但最適合唸書及做薪水族，會得到師長及老闆的喜愛，但不一定會得到同學和同事的喜愛，也許更會遭人嫉妒。天機居平、居陷帶化科的人，只有小聰明，氣質也不頂佳，辦事能力、讀書能力都不算好。化科是無用的。

有右弼化科入命宮時，能得到平輩女性貴人，特別有方法的幫助，不會使你尷尬。同時你也會做一些圖利自已人，有私心的事情，不過你會做的天衣無縫，不讓別人察覺。

有天梁化科入命宮時，居旺時，表示你氣質高雅會照顧人，做事很有方法，能力強，也會努力有名聲，前途明亮。亦有貴人用很有氣質，很有方法的方式幫助你，使你得到助益。天梁陷落帶化科時、化科無用，貴人運很弱，也看不出貴人幫助的助力。同時你也不會照顧他人。

有天同化科，入命宮時，表示你是溫和有氣質的人，也會用很有方法的方式來享福、偷懶，因此不會遭人排斥和討厭。同時你也是外表有氣質、聰明、靈巧的人。

有文曲化科入命宮時，居旺時，表示你在才藝和口才上有特殊能力。會在韻律感、音樂、舞蹈方面才藝佳。文曲居陷帶化科時，化科無用，你沒有這些才藝能力，口才也不算好。

有左輔化科入命宮時，表示你能得到平輩男性貴人特別有方法的幫助，一點也不會讓你不悅或尷尬。同時你也是個有合作精神的人，會和別人用實際有效益又合乎人情的方式來幫助人，或與人共事。

科祿權

有太陰化科入命宮時，表示你特別會理財及收拾東西。你也會在感情上、戀愛上很浪漫，有自己一套的戀愛哲學。你會外表有柔美氣質、吸引人。太陰化科居陷時，理財能力及整理能力均不佳，外表氣質也無，亦不浪漫，戀愛也未必順利。

化科星入財帛宮

化科星入財帛宮時，表示對錢財上特別有方法處理，特別會理財，或做與財有關的文書事務特別俐落，頭腦清楚。但化科星之主星居陷時，化科也居陷。因此化科就無力了，發揮不了作用，故也無用了。因此，做事方法和計算能力都有瑕疵，不吉了。

化科星在財帛宮時，只代表理財和辦事能力而已，並不見得會增加財的收入。因此會賺錢的，是財星居旺的結果，是財星的力量而賺錢的，和化科無關。

化科星入官祿宮

化科星入官祿宮是最好的位置了。因為官祿宮是管工作、事業上好壞的宮位。而化科星是主做事方法，與人內在涵養的意思。因此，化科入官祿宮最合適。會工作能力好，很有方法辦事，辦事辦得漂亮，有氣質。

化科星在官祿宮也不主財，只主會做事，做事做的漂亮，在智慧、人格上較高雅而已。而且化科居平、居陷時也依然無用，也不會做事了。

第二節　化科星在『夫、遷、福』對人之影響

直接對人有影響的是『命、財、官』。『夫、遷、福』等宮是圍繞在人周圍第二層的影響力。但也緊貼著人，影響力也不小了。

化科星入夫妻宮

化科進入夫妻宮時，代表配偶有氣質，長相漂亮、體面、很會做事。同時你的內心中也是具有氣質，喜好文藝、才華方面的興趣。凡事講究美感、和諧。內心是平靜，有原則，有智慧的。若化科主星居平、居陷時，上述特質都會失去。配偶就會長相普通，也沒什麼氣質，亦無對文藝方面的喜好，配偶也沒有才華了。

權祿科

有武曲化科在夫妻宮時，表示配偶是性格強勢，又有氣質的人，並且在理財上很有一套。同時在你的內心中也是比較強勢，會理財的，具有管理錢財上的方法的。

有紫微化科在夫妻宮時，表示配偶是長相美麗、高貴、地位高，文雅有氣質的人，夫妻間的感情特佳，有相處之道。同時在你的內心中也是平和、高貴，有能使一切平順的力量，討厭粗俗、不禮貌的行徑，深切的知道什麼是高貴、優質的人生。

有文昌化科在夫妻宮時，必須居旺，配偶才是氣質高雅，有文學修養，會精明幹練，計算利益的能力好，數學能力也好。同時在你的內心中也具有上述特質。倘若是文昌居陷帶化科（在寅、午、戌宮），則無氣質，無文學涵養、讀書讀不好，計算能力不佳，內心也不高尚了。

科祿權

有天機化科在夫妻宮時，必須居旺，配偶會特別聰明、有氣質、善機變、會做事、有利事業。同時在你的心中也是智商高，有辦事能力。天機居平、居陷帶化科時，只是小聰明，氣質不佳、機變能力不好，做事能力也差。在你的心中就是愛做怪，常多此一舉的人。

有右弼化科在夫妻宮時，表示配偶如小鳥依人，很黏你，也會在很多事情上幫你忙，做事做的很有方法。但亦會很有方法的對你霸道不講理來撒嬌。同時在你的內心也正是這種會用方法來維持黏密感情的人。你也會幫助配偶來做事。

有天梁化科在夫妻宮時，表示配偶年紀比你大很多，或小一些，而配偶會很有方法的來照顧你，配偶氣質溫文儒雅。同時表示在你的內心中，也是要求氣質好，會具有做事能力，能照顧別人的人，天梁居陷帶化科時（在巳、亥宮）表示配偶文雅不足，也不太會照顧人，同樣是配偶與你的年紀差距大。

有天同化科在夫妻宮時，表示配偶是溫和、世故，有氣質的人。他會做事合情合理，凡事替人著想，有處世之道。同時也表示在你的心中是平和、有氣質、不起波瀾、是非，通情達理之人。

有文曲化科在夫妻宮時，文曲必須居旺，化科也居旺。表示配偶的口才好，在言談中有氣質高雅的特質，也會才華好，多才藝，在韻律感、音樂、舞蹈、繪畫上能表現突出。同時在你的內心也是喜歡才藝，具有才華、口才、言行也高雅。文曲化科居陷時，配偶和你皆無口才及才華，氣質普通。也不喜歡表現。

有左輔化科在夫妻宮時，表示配偶是很有方法來幫助你、輔助你的人。同時在你的內心，也具有合作精神，能與配偶合作無間，

科祿權

共同努力。

有太陰化科在夫妻宮時，居旺時，表示配偶長相柔美、有氣質，很有方法會理財，對房地產也有一套。亦善於談戀愛，是具有羅曼蒂克的人。在你的內心中也是充滿浪漫情懷，喜談戀愛，凡事講究氣質高雅、優雅，處事溫和的人。當太陰居陷帶化科時，配偶陰柔但氣質普通，不會理財，感覺也不靈敏、不浪漫，仍喜談戀愛，但技術不好。同時你也是個喜浪漫、愛談情，但技術不佳，常沒有戀愛美滿結果的人。

化科星入遷移宮

化科星入遷移宮時，表示你外在、周遭的環境中是高雅、有氣質、斯文的環境，化科星居旺時，能讓你的學習能力佳，辦事能力佳，頭腦精明、做事幹練，而且一生都不會遇到較粗俗的人。即使遇到了，那些人也會待不住、要離開。在你的周圍是文化高尚、美麗，格調較高的環境，即使不讀書，也不會粗俗。因此你不會和販夫走卒在一起，只會和同類的上等人，用溫和、有氣質的方法相處。

有化科星在遷移宮時，你不一定會很有錢，但生活一定平順，只要沒有煞星沖破，主星又居旺，就會過平順，水準高，或文化氣息高的生活。

十種化科星在遷移宮時，代表十種不一樣的環境狀況。

有武曲化科在遷移宮時，表示周圍環境是具有理財能力氣質的，在金融機關或企業管理上有高地位的、或是在政治圈、軍警界中具有高尚的、有做事能力的環境。

科祿權

有紫微化科在遷移宮時，表示周圍環境是具有高地位、高格調文化水準、有能力、受重視、氣質特佳，有能力使一切平順，能擺平一切不美好事物的環境。

有文昌化科在遷移宮時，居旺時（在申、子、辰宮）表示周圍環境是有文化氣質、精明、聰明、敏銳、美麗、精緻、高尚、有書卷氣、會讀書、有高文化水準，計算能力好，是讀書人的環境。同時也是裝潢美麗、高雅的環境。有文昌化科居陷時（在寅、午、戌宮），表示文化氣質不高，非常普通，但也不會太粗俗、醜陋。只是精明、聰明、敏銳、美麗、精緻、高雅這些特質也都不具備了。只是一個在精神、文化、財富方面稍有貧困的環境。

有天機化科在遷移宮時，居旺時，表示周圍環境是具有聰明、伶俐、機變、有能力來表達變化、改善，以及時常在變化、又有能

權祿科

力來應付變化的環境。環境中的人，都是聰明、鬼怪，但有文化氣質，有能力的人。居陷、居平時，表示周遭環境中是具有小聰明，真正的聰明度並不高，機變、應變能力也不太強，文化水準也不高的環境。

有右弼化科在遷移宮時，表示周遭環境是有女性平輩貴人，會很有能力、很有方法的、多情的、有自私心態的、霸道的在幫助你。這些女性平輩貴人中大多是具有文化水準的人。

有天梁化科在遷移宮時，居旺時，表示周圍環境是文化氣質高，具有名聲，會有貴人用很好的方法來幫助你，這個貴人有時也是女性的時候居多，也會是比你年紀大的人。亦表示周圍有溫和、有能力的長輩在照顧。亦表示考試、讀書運很順利。當天梁化科居陷時，表示周圍環境中受到貴人、長輩照顧的力量很弱，很可能只是表面有這種貴人或長輩出現，但實質上沒享受到照顧。並且環境中實質的名聲和文化氣質皆不高，考試、讀書運也不算好。

有天同化科在遷移宮時，表示你周圍的環境是溫和、高雅、優雅、不慌不忙的環境。你會很有方法的來享福、偷懶。並且享福、偷懶的好事也在等著你。你一生態度嫻緩、舒適，過自己優雅的生活。

有文曲化科在遷移宮時，居旺時，表示在你周遭環境中是口才特好、才藝特佳，有音樂、舞蹈、美術等具有韻律感特質的優質文化環境。同時也是熱鬧滾滾、好表現的環境。居陷時，表示口才不好、很普通，不引人注意。才藝也不佳，或是虛有其表，喜歡藝術，但無能力。同時也是較冷落、人氣不足對表現瑟縮的環境。

有左輔化科在遷移宮時，表示在你周遭環境中是有平輩男性貴人會用很好的能力和方法在幫助你的環境。同時你也會很明理的，具有合作精神的和人相處，自助人助。

有太陰化科在遷移宮時，居旺時，表示周遭環境是很會理財、財旺、很浪漫。喜歡談戀愛，儘量表現柔美、具有陰柔、吸引人的氣質的環境。居陷時，表示周遭環境是財窮，但會過日子，盡力打平、擺平窮困的環境。同時也是周圍的人表面對你還算不差，但實質沒有太多感情的環境。而你是喜談戀愛，但真正好的戀愛機會並不多的人。

化科星入福德宮

當化科星在福德宮時，表示其人在性格上、本性上就具有文質的性格和氣質，言行不會粗魯，也不會對人說髒話和動粗。一舉一

動都具有文化氣質，長相也斯文得多。並且在你的腦袋中也會充滿文質或文學修養，喜好文藝方面的事情和愛好。你的頭腦會清晰、做事有方法、原則。考慮事情，有一定穩定的、具有邏輯的思路，為人做事不會亂來，但性格上會有一些懦弱、像是好好先生似的。有時這也不見得是懦弱，你只是很堅持用文明的方法解決事情而已。

化科星入福德宮時，主星居旺、化科也就連帶的居旺。化科一定要居旺才有用。居陷時無用，能力不足。也不能有煞星同宮，化科是柔弱的星，有煞星同宮時即會剋害，化科容易受制而無用。也容易偏向邪門歪道的助力上去了，而形成惡質的化科。例如左輔化科，右弼化科即是，會幫助煞星更猖狂。其他的化科星都是受制無用或減低能力的。十種化科在福德宮時，代表十種不同的性格和享福能力與人的興趣趨向，請參考前面的解釋來定義。

第三節　化科星在閒宮時對人之影響

化科星在閒宮，指的就是在『父、子、僕』、『兄、疾、田』等宮之影響。

化科在『父、子、僕』對人之影響

化科星入父母宮

化科出現在父母宮時，表示父母具有文化氣質，行為能力強，是溫和世故的人。如父母宮有武曲化科時，表示父母理財能力強、

較有錢，或父母是做軍警界中文職工作的人，能力不錯，氣質強勢。又例如父母宮有文曲化科居旺時，表示父母很會講話、人緣極佳、口才好，父母又很愛講話，並具有才藝修養。文曲化科居陷時，父母口才普通、人緣不算太好，才藝也不佳。

例如有右弼化科在父母宮，則父母會像朋友一樣用很有能力及很好的方式來幫助你，母親幫助你最多。如有左輔化科在父母宮，則是父母像朋友一樣用很好的方法及能力來幫助你，父親幫助你較多。

例如父母宮有天梁化科，表示長輩、長官、父母都會用慈愛、照顧又文明、有氣質的方法來照顧你、對你好，絕不會成為你的負擔。

化科星入子女宮

化科在子女宮時，表示子女是溫和、有能力、氣質好、外表美麗、懂事、好教養，並與你感情親密。化科居陷時，表示感情普通，還不會相剋。

例如子女宮有紫微化科時，表示子女長相氣派美麗，有文質氣息，未來會有能力往政治或公職發展，能力很好。你的才華也能得到發展。

例如子女宮有天機化科時，表示子女特別聰明、清秀、美麗、溫和，也會有辦事能力。未來會做薪水族。並且子女未來只是在聰明、才智上發展，可能財不多，需要你支援。天機化科居陷時，表示子女的聰明才智不高，但會溫和，未來的成就也不高，更需要你

照顧。

例如子女宮有天梁化科，居旺時，表示子女是乖巧、會讀書，願意接受你細心照顧，有文化氣息的人。你的才華也能得到順利發展。居陷時，子女有普通的乖巧，但你對子女的方式雖斯文，但照顧不好。你的才華也不能發揮，容易默默無名。

例如子女宮有右弼化科時，表示子女和你感情黏密，子女乖巧，戀家，尤其會整理和佈置家庭，是你在家事上的好幫手。尤其是女兒最能對你有幫助。

例如子女宮有左輔化科時，表示子女乖巧，會在家計上幫助你，也能在事業上幫助你。子女的工作能力強，有合作精神。尤其是兒子最能幫助你。

化科星入僕役宮

化科在僕役宮時，表示朋友和部屬都是斯文人、有文化的人，不會是粗人或販夫走卒之類。朋友和部屬們的能力好，氣質好，處世溫和世故。你在交朋友上很有方法，也會交到對你有益的朋友。只要沒有煞星同宮，化科就不會受到刑剋，你和朋友、部屬的交往就會順利，相處愉快。即使化科居陷，問題也不大。倘若有煞星同宮，化科會受剋，朋友對你的益處就較少，煞星更可能會危害你，使你痛苦。化科就無用了。

例如僕役宮有武曲化科居旺時，代表朋友是性格剛直，一板一眼，講究原則、規矩的人，很會理財，經濟狀況好。做事合情合理、奉公守法。倘若你是以正當的人情法理向他借錢，朋友會伸援手幫助你。有擎羊同宮時，朋友本身的錢財不見得順利，而且常在錢財上侵略你的利益，較強悍、凶狠。

武曲化科居平，在僕役宮時，必會和七殺或破軍同宮，故朋友都是財少、需要打拚的勞工階級，地位不高，但會理財。對你也不友善，他們會很有方法的劫你的財，使你破耗。

例如僕役宮有天梁居旺化科，表示朋友都比你較年長，會用很好的方法來幫助你，使你不尷尬，欣然接受。如果再有擎羊同宮時，表示朋友會陰險的，用體貼的，好的方法來假意幫助你，但實質上對你沒有真的幫助，反而會侵害你。

天梁居陷化科在僕役宮時，表示朋友或貴人的助力不強，或無法真的有幫助，照顧到你。你的朋友皆是溫和懦弱、能力不佳的人，對你一點幫助都沒有，但也不會侵害你。如有陀羅同宮時，貴

▽權祿科

人或朋友還很笨的，沒法照顧你，還讓你有破耗、拖延、拖累的受害。但他們的外表是溫和、隱忍的。

例如僕役宮有文曲居旺化科，表示朋友都是口才好、有才華、言之有物的人，而且你的人緣好，常有聚會，聊天的機會。**如有擎羊同宮時**，表示朋友間是非多，會有閒言閒語，朋友的口才與才華都是是非之源，對你沒助益。並且，你的才華也受到傷害。**文曲居陷化科**，表示朋友們的口才、才華普通，你的人緣也普通，朋友間少來往。如再有擎羊同宮時，表示朋友們常以口才、語言來剋害你，也會用才華來壓制你。朋友運不佳。

科祿權

化科在『兄、疾、田』對人之影響

化科星入兄弟宮

化科在兄弟宮時，表示兄弟是斯文人，溫和、氣質好。你和兄弟姐妹間的感情順利、平和、少衝突，會以講理的姿態來協調，不會吵架或惡形惡狀。同時也表示兄弟的能力強、會做事，在工作上有一定的份量。兄弟也是世故、通情達理的人。

在兄弟宮最好的要屬紫微化科、天梁化科、天同化科、太陰化科、左輔化科、右弼化科較佳，對自己本身較有利。而且主星要居旺才有用。主星居陷居平、化科無用。

兄弟宮是相照僕役宮的宮位。兄弟宮中有化科，和兄弟姐妹的感情好，同時也會影響到和朋友的感情好，更會影響和同輩相處的感情。因此有一個居旺的化科星在兄弟宮中時，只要沒有煞星同宮或相照，所有的平輩關係都能親密，得到助益。

化科星入疾厄宮

化科在疾厄宮時，代表是身體上膀胱部份的問題較弱。

有武曲化科在疾厄宮時，是肺部、氣管、大腸、腎臟、膀胱要小心。因此要注意感冒所引起肺部發炎、氣管炎，兼而有腎臟炎、膀胱炎的併發症。

有紫微化科在疾厄宮時，是脾胃不佳、腹脹引起的腎臟、膀胱的毛病。有文昌化科在疾厄宮時，是大腸不好，或感冒所引起的膀胱炎的毛病。

科祿權

有天機化科在疾厄宮時，要注意是肝病、黃膽病，以及神經系統不佳所引起膀胱的毛病，小心尿失禁和膀胱無力。

有右弼化科在疾厄宮時，要注意是下半身寒涼、腎虧、婦女病，所連帶的腎臟、膀胱之毛病。

有天梁化科在疾厄宮時，要注意是脾、胃、腎臟不好所引起的膀胱的毛病。

有天同化科在疾厄宮時，要注意是水道循環系統、腎臟、尿道、生殖系統所引起之膀胱的毛病。

有文曲化科在疾厄宮時，要小心是下半身寒涼、腎虧、生殖系統較弱所引起之膀胱的毛病。

有左輔化科在疾厄宮時，要小心脾、胃、腎臟不佳，所引起膀胱的毛病。

有太陰化科在疾厄宮時，要小心水道系統、生殖系統、腎臟、子宮、卵巢、輸卵管、輸精管、陰囊、生殖器病變所造成膀胱之毛病。

化科星入田宅宮

化科在田宅宮時，表示會料理房地產的事務。也會具有整理、處理房地產的才能，會裝潢房子。其人的家中會裝潢美麗精緻。亦表示你的家人會是有氣質，有文化氣息的人。家中和諧不吵鬧。更表示你的財庫帳目清楚，以及對於房地產的理財能力好。流年逢田宅宮有化科居旺時，會買進新的房地產，有簽約之喜。

化科在田宅宮時，必須居旺才有用，居陷時無用，好處不明顯。若有煞星同宮，或剋害化科，也會減少家中的美麗，與處理房地產的能力，更表示財庫有破洞，只是表面好看，內容貧乏。家中的人也會表面做一套，私下勾心鬥角，遲早家中有傾垮的一天。

十種化科在田宅宮分別具有不同之意義

有武曲化科在田宅宮時，居廟時，表示家中房地產較值錢、美麗。你的家中較富裕，家中人是會理財之人，同時也是對金錢有特殊癖好之人。並且也表示家中人是以金錢利益相互關連的人。**武曲居平帶化科在田宅宮時**，表示家中不富裕，但正努力打平收入。房地產很少，不多，正努力賺取。家中的人是表面為金錢問題而和諧，但私下不和的狀況。

有紫微化科在田宅宮時，表示你的家中房地產皆是高貴、有氣質、精緻、美麗、住在精華區的房子。你的房地產可積存很多，你

很會理財。

你家中的人也是高貴、有氣質的人。你的家人生活舒適、富裕、生活優雅、悠閒，講究生活品味。

有文昌化科在田宅宮時，居旺時，表示家中有文化氣質，裝潢美麗、精緻。你在房地產上善於買賣或佈置。你的家人溫和、有涵養，且精明幹練。未來你的房地產會增多。你也很會料理買賣房地產之事。你也很會打理錢財及存錢。居陷時，房子減少，不精緻，狀況普通。你的家人也不算文雅。家中也不富裕。

有天機化科在田宅宮時，表示你的家中房地產常有起伏、賣出買進，財庫不牢靠。當天機居旺化科時，表示家中人很聰明，你也是自做聰明的，很有方法的來擺弄家產。亦表示家中人很聰明，但家財不多，需要積存或再賺，亦表示你的房地產在失去一次後，又再用精明能幹的方法賺回來。天機居陷化科時，表示家財存不住，沒有房地產，家中人都是小聰明、但很有方法搞怪，會搞掉你的房地產的人。

有右弼化科在田宅宮時，表示家中房地產有女性平輩貴人相助獲得，此人可能是你的妻子或姐妹。你的家中也會有女性平輩貴人來照顧，亦可能請與你年紀相當的人來幫忙做家事、做傭人。財庫能增多。

有天梁化科在田宅宮時，居旺時，表示有長輩給的或公家分配的房地產。亦代表家中有長輩照顧的非常好。你的家人都是溫和、注重名聲之人。你的家中也會裝潢美麗。你的財庫會有長輩或貴人幫你增財、賺錢，或給你錢。居陷時，房地產會不在你的名下，你也管不著。

權祿科

有天同化科在田宅宮，表示財庫很保險，財是普通平順，但會理財。你的房地產留存得住，你很會打理。你家中的人是溫和、有氣質、世故、圓滑之人。你家中的房子略有裝潢，但不算太華麗。天同化科居陷時，沒有房地產，或家產由別人掌管，家中問題很多。

有文曲化科在田宅宮，居旺時，表示房地產會因理財能力好而增多。你的財庫尚豐滿。你家中的房子裝潢得還不錯。你家中的人是快樂，人緣好、熱鬧及口才佳的人。**居陷時**，房地產少，財庫稍貧。家中不美麗，家中人口才頓拙，但還不粗俗。

有左輔化科在田宅宮時，表示家中房地產有男性平輩貴人來相助買的，這個男性貴人可能是丈夫或你的兄弟、朋友。你的財庫中的錢也是別人幫忙賺的。家中有平輩男性貴人幫助打理，亦可能會

請到與你年紀相當的人來做管家、司機，來幫你打理家事。你家中的人都有合作精神、有志一同。

有太陰化科在田宅宮，居旺時，表示你的房地產多，家中富裕，會理財。也表示家中人親密、浪漫。家中是具有美麗、優雅裝潢、精緻的房子。家中人是溫和、斯文的人。你的財庫豐滿。**居陷時**，你的家中不富裕，但會理財，正在打平中。家人感情普通，不算很親密。你的財庫不穩定，錢財少。

移民・投資方位學

這本『移民・投資方位學』是順應現代世界移民潮流而
精心研究所推出的一本書，
每個人都有自己專屬的生命磁場的方位，
才能生活、生存的愉快順利，也才會容易獲得財富。
搞不清自己生命磁場方位而誤入忌方的人，
甚至會遭受劫殺。至少也會賺不到錢而窮困。

法雲居士利用紫微命理的方式向你解釋
為什麼有些人會在移民或向外投資上發展成功，
為什麼某些人會失敗、困頓，
怎麼樣才能找對自己的正確方向，
使你在移民、對外投資上，才不會去走冤枉路、花冤枉錢。

第八章　三合、四方出現『權、祿、科』之影響

三合宮位出現『權、祿、科』之影響

在命盤中，會有四種三合宮位，分別是『命、財、官』、『夫、遷、福』、『父、子、僕』、『兄、疾、田』等三合宮位。若要探討有化權、化祿、化科出現在這些三合宮位中，那一種最強、對人生最有利，則第一要屬在『命、財、官』為最強、最有力了。因為如此才能直接影響到人的性格和打拚能力，才能確實有方法賺到人生的

富貴。而且絕不能有煞星和化忌來同宮相攪，才能確實享受『權、祿、科』所帶給你的人生助益。若有化忌、劫空等煞星在對宮相攪也不行，因『命、財、官』的對宮就是『夫、遷、福』等宮，環境不好或內心有古怪，或天生得不到，再辛苦、再堅持，也是沒有用的。

所以化權、化祿、化科既要在得力的宮位出現，又不能落陷，還要對宮配合的好，不能受剋害。因此好的『權、祿、科』三者全在『夫、遷、福』出現是不容易的事。

最上等的命格便是『化權、化祿、化科』三者全在『命、財、官』中出現，而且沒有剋害。既沒煞星同宮，也無煞星在對宮，而那些煞星全都避到閒宮去了。那這個人的一生就會成就很大。

其次優等的命格，便是『權、祿、科』在『夫、遷、福』，而不受剋害的命格。也會有美滿人生，幸福快樂。

以上這只能算是大概的一個歸類，因為十種化權、十種化祿、十種化科分別代表不同之意義，有的表現強勢，有的表現弱勢，有些有加強吉祥的作用，有些有加深破耗、負擔的作用，各自不同。因此，就算是要命理學家重新創造一個最最優等的命格出來，也是十分困難的。但人海茫茫，也不能說如此好命格的人就不存在？

一般普通人，有一、兩個化權、化祿、化科在命宮或財帛宮、官祿宮出現，再加上剋害少的，就已經是好命的不得了。但化權、化祿和化科都要跟對主星才有力量。跟不對主星仍是無權、無財、無能力的。實際享受富貴也會少了。

另外，命理格局和命盤格式都影響『權、祿、科』存在的形式。

命理格局受『權、祿、科』相互影響的形態

『殺破狼』命理格局的人

例如命格是『殺破狼』格局的人，最害怕是丙年、壬年、癸年生的人。

因為：**丙年生的人**，殺、破、狼坐命的人，或是有紫微、廉貞、武曲在『命、財、官』三合之上的人，化權、化祿皆不在三合之內，只有廉貞化忌會在主要的三合宮位中，或在『夫、遷、福』的三合之內。因此對人生影響很大。

壬年生的人，雖有紫微化權，但也有武曲化忌會在『命、財、官』或『夫、遷、福』之中，為『權忌相逢』的格局，而不美。而天梁化祿在閒宮。

癸年生的人，會有破軍化祿和貪狼化忌在『命、財、官』或『夫、遷、福』之中，也是『祿忌相逢』而不美。而巨門化權、太陰化科在閒宮。

『機月同梁』格命理形式的人

『機月同梁』格命理形式的人，指的就是命宮三合四方為機月同梁等星的人。此種命理形態的人，最怕生在甲年、乙年、丁年、戊年、庚年。

因為甲年生，機、月、同、梁坐命的人，『權、祿、科』都在閒宮，只有太陽化忌會在『命、財、官』及『夫、遷、福』之中，因此不吉。

乙年生的人，會有天梁化權、天機化祿、太陰化忌，會有

『權、祿、忌』會在『命、財、官』的三合宮位之中。因此不吉。

丁年生的人，會有天同化權、太陰化祿、天機化科在『命、財、官』之中，『權、祿、科』到齊，但會有巨門化忌在『夫、遷、福』中沖照『命、財、官』，因此也不吉。

戊年生的人，機、月、同、梁坐命的人，命格中會有太陰化權、天機化忌，會有權忌相逢在『命、財、官』或『夫、遷、福』之中。因此不吉。

庚年生的人，機、月、同、梁坐命的人，命格中會有太陽化祿、天同化科，以及太陰化忌會在『命、財、官』或『夫、遷、福』之中，形成『祿忌』或『科忌』相逢的格式而不吉。

所以，只要有化忌來相剋『權、祿、科』，而這個狀況又存在於『命、財、官』、『夫、遷、福』等主要和次要宮位中，就會直接刑剋人的命運了。

命盤格式影響『權、祿、科』的形式

在前面第三章中，曾講過，命盤格式會影響『權、祿、科』的問題，主要是命盤格式會決定星曜的旺弱及佈局。例如破軍化權在『紫微在子』、及『紫微在午』的命盤格式中只有得地的旺度，這種破軍化權就不頂強，只是普通的強勢。而在『紫微在卯』、『紫微在酉』兩個命盤格式中，破軍化權就會居平，和武曲同宮，這種破軍化權，就是在貧困、財少的環境下，又要打拚，又多破耗的狀況。在『紫微在巳』、『紫微在亥』兩個命盤格式中，破軍化權是居陷的，又和居平的廉貞化祿同宮，這又是另外一層意義了。破軍化權居陷時，對於做好的事，做正派有利、做精緻高尚的事全是做不了的。但管破破爛爛的事，管災難、傷亡、邪惡的事會較具有力量。而居平的廉貞化祿是爛桃花，或不體面及黑暗面的癖好，這些條件加在一起，就是『廉貞化祿、破軍化權』的特殊意義。

破軍化權只有在『紫微在寅』、『紫微在申』兩個命盤格式中是居廟的，這是最強的打拚力量與改革力量以及耗財力量。其次在『紫微在丑』、『紫微在未』兩個命盤格式中，破軍化權是居旺的又和居廟位的紫微同宮，由紫微控制了破軍化權的打拚方向。趨向高尚、高地位、高權力，向精緻享受耗財的內含意思。在『紫微在辰』、及『紫微在戌』兩個命盤格式中，破軍化權是居旺獨坐的，是次強的打拚力量與改革力量，耗財力量。但對宮有紫相，故環境好，經得起耗財及改革，打拚也會更上層樓。

命盤格式就是決定『權、祿、科、忌』的旺弱的必要條件。同時也是決定『權、祿、科、忌』往何種方式發展的必要條件。

三合宮位出現『權、祿、科』

在三合宮位出現『權、祿、科』，以在『命、財、官』的三合出現為最好。對人之命運較有利，但不能有化忌也在三合之內，否則也是不吉。

一般人看到自己命盤中三合有『權、祿、科』都興奮不已。覺得自己的命格高尚，但為什麼既不富，又不貴呢？只是個小市民呢？非常疑惑，常有人來找我定他的命格好壞高低。

三合宮位有『權、祿、科』，一般人會認為化權星在命宮、化祿星在財帛宮、化科星在官祿宮，這樣最好。這樣，其人可有主見，能掌握主控一切的事情，在錢財上能多得，在事業上會做事，非常好。事實上也不錯！但是必須要看化權是什麼樣的化權？化祿是何化祿？化科是何星在化科，而且這些權、祿、科是否在旺位？命宮是破軍化權的人，主觀，也能有成就，但一生必有起伏成敗，也破耗很凶。有紫微化權坐命的人，其財帛宮必有武曲化忌，錢財是其終身的問題，這些都是問題。其次，財帛宮是廉貞化祿、天機化祿、巨門化祿、破軍化祿所主的財都少，若是主星再陷落，問題更多。化科不主財，只是有文化氣質，有按部就班，懂得工整有程序的處理事情的原則，因此，事情做得好，倒不一定能做大事，小公務員反而能做得更有條理。所以三合宮位中有『權、祿、科』也不一定是多了不起的命格。一定要看這些『權、祿、科』是否真能幫到你才行。例如陳水扁總統是庚年生廉相坐命子宮的人，在『命、財、官』三合宮位中只有武曲化權在官祿宮，但是這個武曲化權是

居廟的，發揮了極大的作用，在政治、財運上可以掌權，也能提升自己的地位。因此在人的命格中，只要有一個化權、化祿、或化科發揮了作用，人生就會大大不一樣了。反而『權、祿、科』全到齊，但卻是弱質無用的『權、祿、科』，這裡能讓其人樂一下，自命不凡一下，根本也不會有其他的意義出現。有時候反而是頑固、糊塗、頭腦不清方面的加強，或巧言令色方面的油滑，或是智慧低落又愛想來想去的猶豫不決或懦弱了呢！因此大家要確實分辨出好壞的『權、祿、科』，也要確實分辨出對人有用的『權、祿、科』才好。

四方宮位出現『權、祿、科』之影響

在命盤中，論四方宮位，大家都曉得是『子、午、卯、酉』、

『辰、戌、丑、未』、『寅、申、巳、亥』三種四方宮位。若以人、事來論，則是『命、遷、子、田』、『夫、官、疾、父』、『兄、、僕財、福』三種四方宮位。其中最常談到的是『命、遷、子、田』這一種四方宮位了。因為它像生、老、病、死一樣包含了人生一生的生命週期和富貴吉凶。

四方宮位不如三合宮位來的重要。通常我們也只有談格局時，如談『陽梁昌祿』格、『機月同梁』格時，會涉及到四方宮位，一般談富貴格局並不一定談到它。有些人愛談四方宮位的『權、祿、科』，實際上是牽強附會，影響力不算太大的。

『命、遷、子、田』中有『權、祿、科』為四方照會。而實際上命宮和遷移宮為相照、相沖的宮位，影響最大。而子女宮、田宅宮在『命、遷』二宮的兩翼，只是有輔助的力量而已。

三合宮位是三個宮位形成等邊三角形，是60度角的位置，是吉相。四方宮位是十字形，成90度角，算是凶相，因此三合宮位是優於四方宮位的。倘若『權、祿、科』在四方宮位出現，例如在『命、遷、子、田』等宮出現，則在命、遷二宮出現為相沖照，力量會很強。但若在子、田二宮出現時，則為閒宮較弱，對其人整個的命格和人生都不會有多大的助益。在『夫、官、疾、父』一組的四方宮位中，則以夫妻宮、官祿宮為重要。疾厄宮和父母宮為閒宮，此二宮也正好是『夫、官』二宮的兩翼宮位。在『兄、僕、財、福』這一組四方宮位中，則以『財、福』二宮為重要。兄弟宮和僕役宮為閒宮，這二個宮位也正好是『財、福』二宮的兩翼宮位。因此，在四方宮位中，『權、祿、科』因會落入閒宮而會對本命造成無用的狀況。如此一來，倒不如只談『命、遷』二宮相照的

▽權祿科

『權、祿、科』，會對人的命格上更有助益了。

第九章　權祿相逢、權科相逢、祿科相逢

在四化星會相逢的例子中，其實有很多，除了權祿相逢、權科相逢、祿科相逢之外，其實還有權忌相逢、祿忌相逢、科忌相逢。因為此書是專門討論『權、科、祿』這三種化星的，所以權、祿、科和化忌相糾結的狀況，留到下一本『化忌、劫空』這一本書再談。

第一節 『權祿相逢』對人之影響

『權祿相逢』會在何時出現

化權、化祿相逢最有力的狀況，一種是同宮，一種是對宮沖照來相逢的狀況。有些人把在三合宮位中所出現的化權、化祿也叫做『權、祿相逢』。這種講法因三合也會相照，因此也不能算錯，也是可以的。但一般在命理上稱『權祿相逢』，主要還是以『同宮』或『相照』的這兩個主要的形式為主的。因為三合宮位不如相照力量強，相照又不如同宮的力量強之故。所以以『同宮並坐』力量最大、最直接。其實兩星相融合會產生一股新勢力。並且三合宮位中出現權祿、權科或祿科相逢的機率高，分別在『命、財、官』或

『夫、遷、福』等宮三足鼎立，力量分散，反而不如相照或同宮直接輝應的力道強、影響力大。因此此處只談同宮或相照的『權祿相逢』。

以同宮或相照為條件的『權祿相逢』，出現在各式命盤的內容

同宮形式的權祿相逢，多出現在『紫微在巳』和『紫微在亥』兩個命盤格式中。

在這兩個命盤格式中，**有甲年生的人**，會有廉貞化祿、破軍化權會在卯宮或酉宮同宮出現。

還有乙年生的人，會有天機化祿、天梁化權在辰宮或戌宮同宮出現。

還有丁年生的人，會有天同化權、太陰化祿會在子宮或午宮同

宮出現。**還有己年生的人**，會有武曲化祿、貪狼化權在丑宮或未宮同宮出現。**還有辛年生的人**，會有太陽化權、巨門化祿會在寅宮或申宮同宮出現。

因此以同宮出現的『權祿相逢』會出現在『紫微在巳』與『紫微在亥』兩個命盤格式之中。

同宮的『權祿相逢』看起來像兩組星曜相結合而形成。實際上，是四組星曜的結合，因此意義就更不相同了。

並且**同宮的『權祿相逢』是權力和財富的相乘**，不只是相加而已。但是仍是要看兩個主星最主要的靈魂意義是什麼，才能決定此『權祿相逢』所帶之權力和財祿究竟有多少，以及此種權力和財祿糾結在一起以後，是否又延伸出其他負面的意義出來。也許延伸出來的意義並不像你想像的那麼多。也許只是人緣桃花或感情及癖好

上的享受而已。

例如廉貞化祿是廉貞和化祿的組合，而破軍化權是破軍和化權二星的組合，而廉貞化祿是廉貞和化祿二星的組合，故『廉貞化祿、破軍化權』同宮時，是四星一體的組合了，是故其意義就會綜合新生出另一層意義出來。每一組同宮的『權祿相逢』都是一個新生命，其力量更強，更超越了原始的組合『廉破』，也超越了單星存在時的力量。

所以上述此種『權祿相逢』的意義就是天不怕、地不怕、什麼都敢做，既不怕艱辛，也不怕混亂、骯髒、破敗，為了自己特殊的癖好，敢於向社會挑戰，敢於打破道德的藩籬、禁忌，只為了達成自己心中想要的理想。以前曾提及前立法委員林瑞圖先生就是這種『廉貞化祿、破軍化權』坐命酉宮的人，就具有『權祿相逢』的格局，因此也具有上述這些極俱特質的性格，能不畏艱險來揭發弊案，自己也擁有蒐集古董的癖好。

其他如同宮的『天機化祿、天梁化權』的『權祿相逢』，在其意義中，天梁化權的力量較大，天機化祿因居平，是薪水族的財，財很少，投機取巧的成分多，因此，頑固、好管閒事、油滑、不負責任的性格明顯，當這種『權祿相逢』在命宮時，這又形成一種另類的、特殊的性格了。

天同化權、太陰化祿同宮的『權祿相逢』

『天同化權、太陰化祿』的『權祿相逢』在子宮與在午宮的內含意義是不一樣的。因為在子宮時天同化權居旺、太陰化祿居廟。而在午宮的天同化權居陷、太陰化祿居平。所以在子宮的『權祿相

逢』比在午宮的『權祿相逢』強勢很多。在子宮的『權祿相逢』才是真正能掌握財富的『權祿』。而在子宮的『權祿相逢』，能掌握的財少，權輕祿微，只能具有一點油滑、投機的懶惰、人緣稍好而已。故而在午宮的『權祿相逢』是不具有好的特殊意義，只是表面好看，有『權祿』而已。並且其三方中還有天機居平化科，『權、祿、科』到齊，只要走文職的路，多讀書，走薪水族或學術路途，仍會有稍許成就的。

在子宮的『天同化權、太陰化祿』，因三合亦有『權、祿、科』到齊的格局，而『權祿』俱在旺位，故人生的成就是比較高，又能掌握大富貴、權力、主控力的，更能輕易享受到福氣的。

科祿權

太陽化權、巨門化祿同宮的『權祿相逢』

太陽化權、巨門化祿同宮的『權祿相逢』，是在寅宮及申宮會遇到的。但在寅宮或申宮，位置不一樣，權祿的強度不一樣，所內含的意義也不一樣。這也是因為太陽化權在寅宮居旺、巨門化祿在寅宮居廟。而太陽化權在申宮居得地之位，巨門化祿在申宮也居廟，是因為太陽旺度略有差異的緣故，其意義也會大大不同。在寅宮的『權祿相逢』，會在男性社會環境中具有強勢的力量、口才油滑、圓融，掌握事業及對男性的說服力、駕馭能力是一流的。而在申宮的此『權祿相逢』，對男性和事業上的駕馭能力會差一些，但會比不上在寅宮的『權祿』。況且，在寅宮的『太陽化權、巨門化祿』其人生的內含意義中，是以事業為重的『權祿相逢』。而在申宮的『太陽化權、巨門化祿』是以是非口舌、人生的攪合為重的『權祿相逢』。兩

者在人生層次上是大大不一樣的。

武曲化祿、貪狼化權同宮的『權祿相逢』

在所有的『權祿相逢』之中，最強悍、最具有富貴能力的，就屬己年生的人，又具有『武曲化祿、貪狼化權』在丑、未宮同宮的『權祿相逢』了。因為武曲化祿和貪狼化權都在廟位同宮，故形成在好運上可用極高的權力來掌握，又能在錢財上得到雙層的財祿。所以這個運氣是位居一等的頭號運氣了。再加上此『權祿相逢』又配合『武貪格』暴發運格。化權更促使好運、暴發運的快速爆發，繼而帶來大財祿。化祿也使武曲的財流通更快速，真是財源廣進通四海了。

此『權祿相逢』又高過、強過於後面所談的、相照的武曲化祿和貪狼化權的『權祿相逢』。

以對宮相照的『權祿相逢』

以對宮相照的『權祿相逢』則出現在『紫微在寅』和『紫微在申』兩個命盤格式之中。例如：

甲年生的人，有廉貞化祿和破軍化權在子宮或午宮相照所形成的『權祿相逢』。

乙年生的人，有天機化祿和天梁化權在丑宮或未宮相照所形成的『權祿相逢』。

丁年生的人，有天同化權和太陰化祿在卯宮或酉宮相照所形成的『權祿相逢』。

己年生的人，有武曲化祿和貪狼化權在辰宮或戌宮所形成的

『權祿相逢』。

辛年生的人，有太陽化權和巨門化祿在巳宮或亥宮所形成的『權祿相逢』。

上述這些『權祿相逢』都是相沖照的。大多數的主星帶化權及主星帶化祿算是單星獨坐的，但是在這兩個命盤格式中，甲年生人的廉貞化祿是和天相同宮的。因此單星獨坐的主星帶化權或化祿和有其他星同宮的帶化權、化祿的主星，就會有很大意義的不同。

例如：**甲年有『廉貞化祿、天相』同宮，而對宮有破軍化權的『權祿相逢』**，就要看你是以什麼位置和角度來看事情了。你若是以『廉貞化祿、天相』為主來看事情，破軍化權就是對宮，屬遷移宮的範圍，因此這一組的化權和化祿就各有各的意思了。

以『廉貞化祿、天相』為主要宮位時，代表自己是好享受，有

權祿科

特殊癖好。這種特殊癖好以享受食、色為主。而破軍化權代表外面的環境是破耗極凶，要強力爭取的。因此**倘若是以『廉貞化祿、天相』為命宮的命格來講**，此人致力於享受上的事情較多，既有蒐集癖好，又喜美食和對情色之事有興趣，做事也會積極，但無論做什麼事，總是把享受和桃花放在同樣重要的位置的。此人是因外面環境讓他忙起來，必須要打拚，也必須要改革或消耗。是環境中自然而然所形成的力量讓他不得不忙碌起來。此人也會長相氣派、有主見。

倘若是以破軍化權為主的命格來講，他外面的環境就是『廉貞化祿、天相』了。表示此人很強勢，頑固，是堅持己見要打拚忙碌。自有主見來破耗的人，他外面的環境就是『廉貞化祿、天相』。表示外界的環境是享受好，桃花重，食、色的享受一樣也不缺的。

故此人容易做與吃食或帶點桃花、色情的行業，如酒店，卡拉ＯＫ店、歌廳、舞廳之類的行業。也會在這種環境中生活與享受。

此種相照的『權祿相逢』，與前面同宮的『權祿相逢』在本質意義上是截然不同的了。

又例如：**己年生的人有『武曲化祿』和『貪狼化權』，在『紫微在寅』及『紫微在申』兩個命盤格式中**，則屬於在辰、戌宮各自單星帶『權、祿』而獨立，彼此相照的狀態。化祿和化權都居廟，但此狀況因彼此互為對宮，即遷移宮，所以其內容意義及強度就不如雙星同宮在一起的『武曲化祿、貪狼化權』了，總是隔了一層的關係。你在武曲化祿的位置時，表示外界環境中是可以掌握、攫取好運的，自己是多財又很具有財的敏感力的，因此有暴發運。

你在貪狼化權的位置時，表示你自己本身是具有掌握好運、控制好運的能力，主控力是非常強勢的，具有強悍的性格與欲達目的不罷休的意志力。而你周圍外面的環境是非常富裕多金的環境。這種相照的『權祿相逢』是藉著環境中的權力和金錢掛勾而達到富貴的方法。這和同宮的『權祿相逢』是有所不同的。

又如辛年生的人有『太陽化權、巨門化祿』，在『紫微在寅』和『紫微在申』兩個命盤格式中，此權、祿就會處於在巳、亥宮相互照耀的位置。倘若**你是以太陽化權的立場來看**，對宮的巨門化祿就是處於遷移宮的位置。此種意思就是你自己本身很強勢，很能掌握及主控事業、陽性事物及男性社會中的人、事、物，自己是很光明磊落的，但周遭、外界的環境是紛紛擾擾、雜聲不斷，有是非在磨來磨去，使你煩心的，也會有巧言令色之小人的環境，但能用甜言蜜語或好言好語，恩威並重的哄他或壓制他，而得到平息、順利，並也能得事業之成功的。

以巨門化祿的立場位置來看，則太陽化權是其遷移宮，表示其本人是言語油滑，舌燦蓮花的人，而外界環境是：具有權勢地位的男性又非常強勢的在掌控的社會環境，這是環境比人強。因此這種相照的『權祿相逢』，在意義上和同宮的『權祿相逢』是有很大的不同的。

又例如丁年生的人，在『紫微在寅』、『紫微在申』兩個命盤格式中有**『天同化權』和『太陰化祿』在卯、酉宮彼此相照。**

在『紫微在寅』命盤格式中

天同化權是居平在酉宮，太陰化祿是居陷位在卯宮，兩者相照，就會互為遷移宮。**以居平的天同化權為主的立場時**，陷落的太環境是貧困中偶有財祿。也是喜談感情，但環境中人都較冷淡的。故此種『權祿相逢』是沒有什麼富貴可言的，而且常想偷懶，又偷不著，化權居平無力。但仍然會忙一些不重要的事。並且也會在感情上不順利。

若以居陷的太陰化祿為主的立場（在卯宮），外面的環境是居平的天同化權（在酉宮）表示自己雖財少還過得去，有衣食而已，其外面周圍的環境是溫和又努力在享福又福不多的環境。

丁年生，在『紫微在申』命盤格式中

天同化權在卯宮居平。太陰化祿在酉宮居旺，此『權祿相逢』要比『紫微在寅』命盤格式層次要高很多。

若以在卯宮居平的天同化權為主要立場，其對宮遷移宮是太陰

居旺化祿。如此即表示環境很富裕多金，又溫柔體貼、生活舒適、人緣桃花很多，別人會很體貼的讓他主掌了享福的權力和地位。

若以居旺的太陰化祿為主要立場，居平的天同化權會在對宮（遷移宮），表示周圍環境是溫和，有些忙祿，忙著享福、享受人生中快樂的事。而其人本身儲蓄了很多錢財，並且其人的桃花多，人緣好，也富有羅曼蒂克的情懷，是個很喜歡談戀愛，戀愛從不間斷的人。

在正牌的『權祿相逢』的格局中，會以同宮形式和對照形式出現的，只有在『紫微在巳』、『紫微在亥』、『紫微在寅』、『紫微在申』四個命盤格式中出現，不會在其他命盤格式中出現，而其他命盤格式中能出現『權祿相逢』格局的人，只會在三合照守，是故只是在大運、流年、流月中稍好的形式，或是分別出現在各個主要宮

是在大運、流年、流月中稍好的形式，或是分別出現在各個主要宮位、次要宮位中，但力量沒有同宮或相照的力量大。

權祿科

第二節 『權科相逢』對人之影響

『權科相逢』對人之影響

『權科相逢』在十二個命盤格式中都出現得很多。所以此格局容易碰到。大致上來講，化權有『加重』的意思。化科有『重新整理』的意思在內。所以**『權科相逢』的內在含意**就大約是某些事情加重了、強勢了，會造成一些問題，這些問題就會透過另一個出口來重新整理。整理的好不好是不一定的，問題的大小也不一定，這要看化權和化科的主星是什麼？才能定出吉凶善惡。

『權科相逢』的另一層意義是：化權會幫助化科能力增強。化科是文質的星，會幫助化權在下達命令及爭權奪利上較斯文，不那麼凶悍醜陋、惡形惡狀。但嚴格的說，有時候化科是會拖累化權，使化權的力量不那麼強了。可是**化科主星陷落時**，如文昌化科居陷或文曲化科居陷，和強勢的主星帶化權如破軍化權居旺或貪狼化權居量，則會形成加重化權向凶方或惡方的影響。例如**破軍化權和文曲化科、或文昌化科在午宮同宮時**，則主窮困，而且頑固的、強力的要掌握權力來向文質事物打拚，不重錢財，走向窮困之途。又如**貪狼化權和文昌化科或文曲化科同宮在戌宮或午宮時**，是糊塗、政事顛倒的格局，而且是強勢、頑固的自有主見，這個主見就是非常不精明、糊塗的笨事，也是『是非不明』的笨事。因此『權科相逢』並不一定全是好事，要確實的分析內容意義才好。

▼『權科相逢』的內容

甲年生的人，在『紫微在子』、『紫微在午』兩個命盤格式中有**武曲化科、破軍化權同宮的『權科相逢』**。這是打拚能力強、頑固、強力要破耗，但稍具一點理財能力的狀況，適宜在軍警機關掌財務。

在所有的命盤格式中，最容易遇到『權科相逢』的是丙年、戊年、辛年、壬年生的人。

丙年生的人，會有天機化權、文昌化科出現，最可能形能『權科相逢』。只要此二星同宮或相照，即能形成。

天機化權居廟、居得地之位，文昌化科居陷（在寅、午宮）時的『權科相逢』，表示精明力和外型、外表很差，但能有機智會掌握在變化中的機運，抓住權力。此時此人所運用的方法很可能是不高

級的、惡質的方法。因此這個『權科相逢』中，文昌化科是拖累、拉下天機化權的力量的。

天機化權居平，文昌化科居平同宮時的『權科相逢』(在亥宮)：表示智慧和機變能力皆平平，但會有頑固的心態自做聰明，而這些自做聰明的結果全是損人不利己的。

天機化權居得地之位，文昌化科居得地之位的同宮之『權科相逢』(在申宮)：表示頭腦聰明和機智、精明力、計算利益的、做事的能力都在一般以上，算是還不錯的。因此，權科相互助益，亦能運用聰明掌權或掌控機會。

天機化權居旺、文昌化科居廟同宮之『權科相逢』(在酉宮)：表示頭腦特別聰明，有文質的方法和智慧，能在好運變化中掌握到最佳的好運與權力，其人本身也能控制及主導好運的變化，使自己得利。因為同宮的還有居旺的巨門，表示具有高知識水準，會有折射的『陽梁昌祿』格，因此會在學術方面發展。

天機化權居陷，文昌化科居廟、文曲同宮之『權科相逢』（在丑宮）：表示本身不聰明，也沒有主控變化和機變、應變之能力，運氣常低落的很快，但在處理文書事務上還不糊塗，還算精明。也會算些小帳、會理小財，不會讓自己吃虧，亦有折射的『陽梁昌祿』格，努力讀書能主貴。

天機化權居陷，文昌化科居平、文曲同宮之『權科相逢』（在未宮）：表示本身頭腦不清楚、又頑固，計算能力及辨別利益、好處的能力又弱，處理事務的能力也弱，是故，運氣愈來愈差。是古怪又麻煩，還要亂管，管又管不好，意見又多的人，你的文質氣質不強，亦有『陽梁昌祿』格，但格局中必須有祿，才會讀書有用、成大事。

戊年生

會有太陰化權和右弼化科出現之『權科相逢』，亦會在每一個命盤格式中出現，只要月份碰上即會有。也是只要同宮或相照就能形成。

太陰化權居廟、居旺和右弼化科同宮之意義：表示能掌財權、有強制霸道的力量來儲蓄，以及能主控女性，對女性有管理、說服的力量。並且，還有女性平輩的貴人，用私心重，一面倒向你、對你好的方式在幫助你，而且會做得十分貼心，辦事能力非常好。

太陰化權居平、居陷和右弼化科同宮之『權科相逢』之意義：表示財少，掌握不到財權，對女性的管制力量也不強，女性不服你，很辛苦的儲蓄，又存不了什麼錢。而周圍的女性平輩貴人和朋友是會運用方法的愈幫愈忙。或是有時表面看起來在幫忙，但實際對你的利益差。你自己只有頑固、頭腦不開化，又有些私心而已。所以這是自己本身的問題。

辛年生

會有太陽化權和文曲化科出現之『權科相逢』，亦會在每一個命盤格式中出現，要時辰碰上才能形式。

太陽化權居廟、居旺，文曲化科也居旺、居得地之位時的『權科相逢』（在卯、辰、巳宮）：表示有強勢的主控力和掌握權力、掌握名聲的力量，才華和口才俱佳，能出大名，也會有具有大成就的事業，官運亨通。並對男性有主控的魅力，官運亨通。此『權科相

逢』是最佳的。

太陽化權居陷、文曲化科居旺同宮時的『權科相逢』（在丑、亥宮）：表示成就不大、口才和才華好，不見得能出名，做幕僚能在檯面下掌實權。在檯面上仍是成就不佳的。對於男性，以私下、暗中的遊說制服較有效。此人也會頑固，喜歡用口才耍嘴上功夫，但不實際，工作能力不算好，該管的不管，不該管的管一堆。易有是非。

太陽化權居旺、文曲化科居陷同宮時的『權科相逢』（在寅、午宮）：表示事業成就不差，能掌權。但才華和口才不佳，出名的機會少。其人會頑固，對男性有主控力和管束，說服的力量，但性格話少，怕言語出錯。也會是性格開朗，但說話少根筋、會二百五的人。因為才華不好之故。

太陽化權居陷、文曲化科也居陷同宮時的『權科相逢』（在戌宮）：表示性格悶又頑固，口才、才華皆不佳，一生默默無名，聰明度也很低。在男性的環境中，沒有地位，但又想管事，管也管不到。話也不會說，易引起是非。此種是最無用的『權科相逢』了。

壬年生

有紫微化權、左輔化科之『權科相逢』，亦會出現在每一個命盤格式之中，但要月份碰得到才行。

紫微化權居廟居旺，右弼化科同宮之『權科相逢』：表示自己本身高高在上，又能使一切平順，並且還有平輩的女性貴人用貼心的方法來幫助你。使你更具權威和享福。在事業上也能更有成就，做的更好。手下有能幹的女性幹部或家中有能幹的妻子、姐妹、母

親、女兒，像朋友一般的來幫助你。

紫微化權居平，右弼化科同宮之『權科相逢』（在子宮）：表示自己能主導的、掌權的力量只是一般普通的狀況，還算不錯啦！因此平輩的女性貴人幫助的也有限。右弼是輔助的星，一定要看主星是什麼，以及主星的旺弱才來輔助。主星是吉星居旺、右弼就輔助吉的、好的方面的事。主星是凶星，或居陷的星，右弼就輔助凶事或輔助好事不強，不賣力，輔助凶事較強。因此這個『權科相逢』的力量只是助惡不助善的力量，沒有太大的好處。其人在性格上亦會有頑固及自以為高尚，很會圖利自家人的狀況。

第三節 『祿科相逢』對人之影響

『祿科相逢』也以同宮為較強、較有利。以對宮相照為次之。以在三合相逢為更次之的狀況，也不會有太大之影響。

在『祿科相逢』中，化祿有相混合，流動、圓滑之意。化科有加以處理，使平滑、平順，稍為整理便好看的意思。因此『祿科相逢』其實是在溫和或不經意的狀況下，把事情做好一點的意思。偶而也會有些財。所以在『祿科相逢』中不可有化忌、劫空，或其他的煞星來攪局。同宮、相照有煞星時，『祿科相逢』就被破壞，就談不到有祿或有科了。

本來祿是指財祿，科是指科名。其中以『陽梁昌祿』格最有名、有利。這是指三合、四方宮位能形成，就能有的格局。但『祿

科相逢』在『命、財、官』等宮位，是同宮或相照時，也能改變、組成人之特有性格，亦能形成特有之人生運程，故也算是非常有利於人之命運的了。

而且人之命格中有『祿科相逢』，更容易形成『陽梁昌祿』格，若能兩相配合，人的一生成就會更高。

『祿科相逢』的內容

在『祿科相逢』的內容中，在所有的命盤格式中都可以遇到。在生年上最容易遇到的是丙年、戊年、辛年、壬年生的人。其次在『紫微在卯』及『紫微在酉』命盤格式中，丁年生的人，有太陰化祿和天機化科是特殊同宮的『祿科相逢』。

『祿科相逢』就一定要居旺的財星帶化祿，再加上同宮的居旺

之化科才有用。這樣才會有好能力、好方法來增加財的收入與累積，增加富貴的層次。

如：

丁年生的人，命盤格式是『紫微在卯』的人，在命盤上寅宮會出現天機化科居得地化科、太陰居旺化祿之『祿科相逢』。因為太陰是財星，再帶化祿，是雙財星，故財祿豐厚，但這是儲蓄的財，房地產的財和薪水工作的財。倘若此『祿科相逢』的格局在命宮，就表示其人非常聰明，這種聰明是顯示在『做事方法有一套文明、聰明的方法』方面的。而且會見機會行事而得財。他的敏感力，應變能力很強，會用各種方法去取得資訊來得財和存錢，以及對自己有利。在感情上，他也會運用聰明來談戀愛，及擄獲愛人的心。但是**有一點不好的是：**其人的福德宮有巨門化忌，表示其人會胡思亂

想，好的、壞的，他全想，也會想一些問題來製造是非，和人糾纏不清。所以被他愛到的人，或做他的家人也很慘，容易被他煩。

丁年生，命盤格式是『紫微在酉』的人，其命盤中申宮有天機化科居得地之位，太陰化祿居平。如此的『祿科相逢』其實只會聰明耍技巧、耍靈巧，但所做的事是既不利人、又不利己的。而且財祿十分少的，只要有固定工作才可有衣食的狀況。所以這種『祿科相逢』的狀況，其人可能只是長相美麗、俊俏一點，略帶聰明相，但一生少富裕的。

丙年生，在每一個命盤格式中都可能出現的是『天同化祿、文昌化科』的『祿科相逢』：這表示平安享福、享受好，又會用好的方法來得到精緻的享受。

天同是福星不是財星，故天同化祿、是福氣好，能偷懶，也是好享受。文昌最喜化科，因文昌是精明、幹練，計算能力好，做文質的工作最在行。是會讀書、有氣質的星曜，化科能更增加其文質氣息與精明幹練，以及計算能力好。但文昌化科一定要在旺位才行，才有用。文昌化科居陷時，是頭腦糊塗、智慧低、懦弱、能力不好的含意。

是故，**天同化祿居旺和文昌化科居得地時（在子宮）的『祿科相逢』**，會有財祿和精明的頭腦，人長得漂亮、溫和、氣質好、有文化、藝術方面的氣質。同宮的還有太陰居廟，故多財富、享受好，享受精緻、浪漫，且戀愛運好，是讓人羨慕的『財官並美』的格局了。

天同化祿居旺、文昌化科居得地之位時的『祿科相逢』在申宮：因為同宮的還有居陷的天梁星，表示聰明才智還不錯，也喜歡

享福、偷懶，但沒有貴人長輩的照顧，想出名較難。只有相貌斯文，氣質好，做小事的智慧夠，做大事的智慧、謀略差的普通命格。

天同化祿居平、文昌化科居廟（在酉宮）之『祿科相逢』：表示文職能力強，氣質好，性格溫和，忙碌、精明幹練，愛享福，為了好的、精緻的享受而操勞。在得財方面不多。因天同化祿之對宮有陷落的太陰，環境窮困不富裕，故此天同化祿的享受也是環境層次不高的享受。

天同化祿居陷，文昌化科也居陷或居平（在午宮或未宮）的『祿科相逢』

在午宮時，天同化祿居陷、太陰居平、文昌化科也居陷，表示財窮、智慧低，卻又愛享受、享福，但享受不到。只是外表仍溫和，斯文，會懦弱，能力差。此『祿科相逢』是無用的。

在未宮時，天同化祿居陷、巨門也居陷、文昌化科居平：表示外表溫溫的，還不太討人厭，但是非多，也不秀氣，能力懦弱，沒有才華。此『祿科相逢』也是無用的。

天同化祿居廟，文昌化科也居廟（在巳宮）之『祿科相逢』：代表其人長相美麗，有溫和、文質彬彬的氣質，斯文討喜，思想圓融，精明幹練，會做事情，為人世故，又能享受到精美的物質和精神文化方面的享受。

天同化祿居廟、文昌化科居平（在亥宮）之『祿科相逢』：代表溫和、長相普通，做人世故。但計算能力不佳，在做事方面能勉強運作，但會有小瑕疵。所享受的享受和福氣也是氣質層次不高的享

受，但仍算斯文人。

戊年生，在每一個命盤格式中都會出現的『貪狼化祿、右弼化科』之『祿科相逢』：只要月份對上了，就會出現。此『祿科相逢』之意義是有得財的好運，並且有平輩女性貴人用貼心的方法來幫助。

當貪狼化祿居廟或居旺，再有右弼化科同宮之『祿科相逢』：表示人緣好，運氣佳，能得到女性來當左、右手，及用好方法來一起幫助賺錢、得財。

當貪狼化祿居陷（廉貪同宮）再有右弼化科同宮之『祿科相逢』：表示人緣、機會不佳，很差，但人很油滑，平輩的女性貴人幫助不大。主要幫助的是男女情愛關係上的問題。例如靠與男女朋友談戀愛或情色問題而得財。

當貪狼居平化祿（在寅、申宮）再有右弼化科同宮時之『祿科相逢』：表示人緣不算好，運氣也不算佳，但喜歡交際應酬，平輩的女性貴人幫助也不算大，也會靠交男女朋友，及同居或情色關係而得財。

當貪狼居平化祿、紫微（在卯、酉宮），再有右弼化科同宮時之『祿科相逢』：表示桃花強，異性緣好，長相好，生活平順，有機會得財，又有女性平輩貴人來幫助你、跟你談戀愛或同居，而使你更生活舒適。此命格的人在生活中必有家人或朋友、屬下，是女性的人來幫助你。

辛年生，有巨門化祿、文曲化科能在十二個命盤格式中出現，但要時辰配合得好才行。此『祿科相逢』的意義是言語油滑、甜言蜜語，口才特佳，亦有其他的才藝、才華、人緣好，又能熱鬧的在

一起製造唱歌、跳舞和玩樂的歡樂氣氛。自然這其中還包含著謠言，傳聞、和一些能平撫的小是非口舌之類的事。

巨門是暗星，代表私下，暗處的事，再帶化祿，仍是是非多、災禍、麻煩會出現的，只是會用騙的、哄的方式，或用遮掩的方式先應付一下而已。所以和文曲化科同宮時，要不然就和文曲化科就同流合污了。要不然文曲化科和巨門化祿分道揚鑣了，是非也會熱鬧上場的。

當巨門化祿居廟、文曲化科也居廟時（在酉宮）時的『祿科相逢』：因此宮中同時有天機居旺同宮，故其意義是具有高智慧、高學歷，高的才華，由其是以口才、辯才特佳，能以此在學術界或運用口才的行業來做事得財，一生都會以口才好而得利。（在卯宮的『祿科相逢』也意義相同）。

當巨門化祿居旺、文曲化科居陷時（在午宮）的『祿科相逢』：這表示表面口才好、油滑，很會講話，但內在的才藝、才華不行，因此講話沒內容，使人討厭，或是會自做聰明來用言語騙人，有不實的言語，又容易讓人拆穿。所以這種『祿科相逢』也不好。

當巨門化祿居陷、文曲化科居廟（在丑宮）時的『祿科相逢』：因為又有居陷的天同和居廟的文昌同宮，故其意義是，溫和多是非，口才很好、辯才能力強。做正當的工作會斷斷續續。但在娛樂上，唱歌，跳舞這些才藝都很好。而且嘴巴厲害、不饒人。其人也可以在讀書方面成就高，適合在學術界發展，在一般企業中工作，會做不長。

當巨門化祿居陷，文曲化科也居陷（在戌宮）時之『祿科相逢』：表示嘴巴油滑愛惹事，是非多，愛瞎掰，而在口才上、才華上

又沒有特殊之能力，常惹是非，又不會講話，常被人罵，罵又罵不聽。安靜一點會好一點。此種『祿科相逢』是根本看不到化祿和化科的優良意義的。

壬年生有『天梁化祿、左輔化科』會在十二個命盤格式中出現。會以出生月份的關係形成『祿科相逢』

天梁化祿居廟、居旺和左輔化科同宮時之『祿科相逢』，表示能得到長輩和平輩的雙重照顧和幫助。長輩和女性的貴人對你有利益，也會有錢財資助。平輩的男性貴人會用有氣質、貼心的方法來幫你做事。所以有此『祿科相逢』的人，上可以得上司、長輩的提拔，下可以用到能幹的好部屬幫你做事，以達到鞏固你的事業和職位。但天梁化祿必帶有包袱，以及不正常的感情。所以要小心。

▼ 權祿科

在另一方面，『天梁居旺化祿、左輔化科』同宮時在感情方面的意義是桃花重，又有男性平輩貴人用很好的方法幫你增加桃花機會，所以有此『祿科相逢』之格局時，會有朋友帶你去聲色場所玩。這就是不好的『祿科相逢』了。

這本書因為篇幅的關係，只能先講『權祿相逢』、『權科相逢』、『祿科相逢』。其他如『權忌相逢』、『祿忌相逢』、『科忌相逢』，我會在下一本書『化忌、劫空』中再談，請讀者注意。

第十章　在大運、流年運程中『權祿科』所代表之意義

目前在所有坊間論命時，很多人對於在流年運程中的『權祿科忌』都有異議。很多流派喜歡把流年四化和本生四化相混合來論流年吉凶，這是問道於盲的做法。所以很多人命算不準，運看不準了，又來問我，看要如何解釋？

我再三的講，每個人只會走自己命盤中的四化（化權、化祿、化科、化忌）。走不到別人的四化上去。因為你的本生年已經決定了你的命運軌跡，你只能走你命盤上十二個宮位的命程、運程。也只能走你專屬的化權、化祿、化科、化忌。而別人的權、祿、科、忌對你來說，是沒什麼關連的。

現今常有一些人把歲時的天干演變出四化，來和自己的本命四化相糾纏，這實在是不智之舉。不論八字命格和紫微命格都會攪亂而算不準的。在八字中，以選取大運和找喜用神宜忌為主。只要大運合乎喜用神要用的人，大運就是最佳的運程。在紫微命格中也是一樣，你只要細心觀察，八字大運最好的運程，必然也是你紫微命盤上大運最佳的運程。

並且，**時歲的天干四化，代表的是宇宙、世界、大環境中的影響**，你自己的流年宮位好，大環境對你的影響也較小。自己的流年宮位差，大環境再好，你也賺不到錢。這是自己的運差。自然自己的流年宮位差，再加上大環境差，那些人真是運蹇命壞、容易失業了。所以大環境的影響是有，但仍要看自己的命運架構才行。

例如目前大環境不好，經濟瀟條，但在二〇〇三年癸未年有『紫微在丑』、『紫微在寅』、『紫微在未』、『紫微在酉』、『紫微在亥』五個命盤格式的人在癸未年是運氣好的。另外『紫微在辰』、『紫微在巳』命盤格式中，只要未宮沒有煞星入內，也都運氣不壞，所以大致世界上有一半以上的人，在癸未年時均在好運之中。在甲申年（二〇〇四年）會有更多，將近三分之二的人會有好運。世界上好運的人多，景氣會回升，經濟會蓬勃，賺錢會容易。但也要看你本命中是否真能得的到而定。否則也只有看人享福，自己難過了。

在流年運程會碰到化權、化祿、化科、化忌時，仍以你命盤中之四化為主。不可在觀看流年『命、財、官』，流年『夫、遷、福』

時，又把時歲的天干化忌、化權之類的星又加進來亂攪合。否則你永遠算不清楚命運，也就根本搞不清到底是好？是壞了？

現在要講的是在你命盤上的四化，當大運的大限逢到，和流年命宮逢到時的狀況。大限的宮位，以及流年命宮中的星曜就是代表你在該大運、和當年中一整年之運氣的好壞。因此特別重要。

大運的四化問題

當人之大運走到化權運時，首先要看主星旺弱，再定化權之旺弱。若主星帶化權居旺、居廟時，就表示此運很強勢，會有好的發展。若要看是那一方面的發展時，請參考前面的『十種化權星』的解釋。若主星帶化權居平、居陷時，就表示此運不強，而且還有頑固的、強自要做主而愈搞愈糟的狀況。欲知此主星居陷帶化權的內

容如何，也請參考『十種化權星』的解釋。

當人之大運走到化祿運時，首先也要看主星旺弱，再定化祿星之旺弱。若主星帶化祿居廟、居旺時，就表示此運很舒適，會過得很愜意。化祿不只是講財，也代表人緣、機會和擴張、浸潤的情形。也代表享受和感情。若要看是那一類的內容，請參考前面的『十種化祿星』的解釋。

倘若是主星帶化祿是居平、居陷時，化祿的旺度也低了，帶財就少了，大運逢此種化祿時，就表示只是表面上像是有財、有祿，表面上溫和、或是表面上有機會，亦或是表面上有享受，但實際是無財、無內容和無機會，也沒有真正享受到的。若要看是那一種事物享受不到，也請參考前面的『十種化祿星』的解釋。

當人之大運走到化科運時，化科所代表的意義只是一個人的思想和能力經由文質的氣質表現出來，表面看來它比較弱，不像權、祿那樣直接和強勢。首先也是要看帶化科之主星的旺弱，再定化科星之旺弱。其次再看主星是什麼星，才能定此化科星的內容。化科是由內往外發出的一種氣質和能力。請參考前面『十種化科星』的解釋。若是主星帶化科居平、居陷時，表示此運的文質氣質和能力很差，對此人沒有任何助力幫助，因此無用。

當人之大運走到化忌運時，化忌星代表的是不順、古怪、災禍、是非、困難、破耗、車禍、血光、缺憾、死亡和疾病，內心糾結、自卑、思想扭曲、退縮、自閉、保守、藏起來等狀況。首先要看主星是什麼，又代表何種意義，就能定化忌星所帶災害之內容。其次再看主星的旺弱，以定災害的強度。倘若主星居廟、居旺時，所帶之化忌星也居廟、居旺。因此其所衍生出之災害會輕一點，也

會不明顯一些。當主星居平、居陷時，化忌星也就居平、居陷了。因此其所造成之災害會較嚴重，也會讓人有記憶深刻痛苦階段。請參看『化忌、劫空』一書中『十種化忌星』的內容。

當『權祿科忌』在大運的對宮時

當化權、化祿、化科或化忌在大運的對宮時，**對宮表示是此大運的外在環境**。即是外在遷移宮的意思。大運管十年的運氣，時間很長，雖然我們並不以大運財帛宮、大運官祿宮、大運夫妻宮、大運福德宮……等等來看，因為時間太長、太籠統，會看不準。但是大運的對宮是相照和相沖本運運氣的，所以很重要。我們在任何時候，皆可以對宮為當時運氣的外在環境來評估你所遇到之境遇。

因此，**當大運的對宮有化權星時**，首先看帶化權主星旺弱，定出化權星的旺弱，再看主星所代表之意義。便知道在此大運十年中，你當時外面環境中的狀況了。同時也知道，當時外面環境中的狀況，是對你此大運是加分還是減分的？亦會是根本無助力的了。更可以知道此十年中，是可以打拚、或主控及掌握那些事情？亦可以知道是否會忙碌或享福的了。

當大運的對宮有化祿星時，亦要看帶化祿之主星之旺弱，再看主星所代表之內容，定出祿有多少，亦或只是人緣、機會、桃花等事。由此便可知道在此十年中，你當時外面環境中順利度和人緣關係，以及環境的富裕程度了。同時也能知道當時環境中是對你有利還是無利的？讓你能享受到的好處和福份到底有多少了。以及是否可賺到錢了。

當大運的對宮有化科星時，要看帶化科之主星之旺弱，再定化

科之內容，定出化科星之助益多寡，便可知在此十年中，你當時外面環境中的順利度和精明度，以及環境高雅和出現在環境中之人的聰明度了。那麼這種環境會不會對你有幫助呢？就要以化科星的旺度和內容來定了。居廟、居旺時是有幫助的。居平、居陷時，是沒有感覺受到好處的，反而會因外面環境中人心窮或做事不利，愈幫愈忙的。

當大運的對宮有化忌星時，也要看帶化忌之主星之旺弱，定出化忌星之旺弱。更要看化忌星之主星所代表之意義，來定化忌星之內容。由此便可知：在此十年大運中，你當時環境中會有那些阻礙、不順和災禍了。同時你也可知道，在此十年中，外界環境中會出現那些對你不利的人，或事物，可小心躲避、預防。並且在此十年中，你也會較保守、思想古怪，與人少來往，或周圍圍繞著有古怪問題的人，運氣不好，又被爛運的人包圍。自己的思想受限制，沒法突破。

※目前坊間有一些紫微斗數的書，把大運或流年對宮逢化忌時，稱為『流出忌』、『射出忌』，又創造了一些名詞如『互沖忌』、『順水忌』、『反弓忌』、『折馬忌』、『絕命忌』之類的名詞。更有『生年權自化權』、『生年祿有化祿』之說，這些都不是原本紫微斗數的內容，是在台灣的學習紫微斗數的業者自創的名詞，只是故弄玄虛，增加紫微斗數的神秘感而已。反而弄得後來學者很混亂，以為有多大之學問而已。其看法仍然是因對宮有權祿科忌的問題。

流年的四化問題

流年命宮中有化權，要看化權所跟隨的主星是什麼，才能看所主掌的權力是那方面的權力。更要看主星的旺弱，來決定化權的旺度，才能看到底是不是真能掌握主控權！

例如癸未年，你的流年命宮中有紫微、破軍化權的人，在此年你會認真打拼，很有幹勁，會做一些改革的事，會為了面子或好看，或自以為是高尚或高級、或為了漂亮、好看而改革。也會拼命投資，或做拼命三郎，天不怕、地不怕的要大幹一翻事業，但破軍總是有破耗之事，你是頑固的要打拼，又頑固的要破耗，此年你也總是有錢能破耗。而且不心痛，到次年，你就會在心態上或行動上緩合下來。自然這個具有化權的流年運程裡，你也終究會做一些有

利的事情，也不是完全具有破耗之事的。但在主貴上、升官上會是好運當頭，但在賺錢上是十分辛苦而不多的。有些因為賺了又花掉了，故很難留存及儲蓄下來。

又例如癸未年（二〇〇三年）走天機化權居陷運程的人，你是戊年生，命盤格式是『紫微在申』的人。癸未年的流年運程就是頑固，不聰明，會使運氣愈來愈壞的運程。容易做出不好的決定，使自己更陷入進退兩難的境地。因此要不做決定才好，這是你本身逢到十二年一次的弱運，這和時歲天干形成之貪狼化忌是毫不相關的。

流年命宮中有化祿時，要看所跟隨的主星是什麼而定吉凶，也要看主星的旺弱而定吉凶。例如癸未年逢到『紫微、破軍化祿』的運程的人，對宮有天相、擎羊。這一年你的運程是喜歡為精美、高

尚的事物去努力得到，會為了想買東西而去找錢來花。因為流年遷移宮中有『刑印』的格局，所以你今年在周圍環境中易碰到受欺負的情形，這樣你就可能破耗多，而賺錢少了。但今年一切會平順，打平，也會找得到錢來花。

雖然在二〇〇三年是癸年，時歲逢貪狼化忌，而你本人也是癸年生，命盤中也有貪狼化忌。但是你此年走的是紫微、破軍化祿的運程，你要到亥年才會走到貪狼化忌的運程，是故此年時歲的貪狼化忌和你是毫無關係的。你仍然會過得很好，有錢可花，一切都很順利，只是要小心流月逢到『刑印』格局時，要小心被欺負而已。

流年命宮中有化科時，亦要看化科所跟隨之主星為何，再看主星旺弱而定化科旺弱，才知道化科有沒有用，更要注意一些特定星曜組合的意思，才能定吉凶。

例如：在癸未年，本生年是丙年生的人，走紫微、破軍、文昌化科居平、文曲居旺流年運的人。因為破軍逢文昌、文曲為窮困、水厄，因此癸未年過得很清高，但不富裕，會較窮，也要小心水厄，不宜至海邊、水邊，以防有災、喪命之虞。又因為文昌化科是居平位的，所以讀書的能力不是很好，但口才不錯，會油滑，不實際，只會動嘴皮子，光說不練。文昌化科而無用，反而有害處。其人會長相清秀美麗。

又例如：在癸未年，本生年是丙年，有武曲、貪狼、文昌化科、文曲在未宮，而未年又逢此運的人，本有『武貪格』暴發運，可暴發大錢財。但是貪狼逢文昌或文曲為糊塗、政事顛倒，是故好好的暴發運，這個人可能另有想法而故意不願暴發，而失去機會。『武貪

格』大致是在事業上才能暴發好運的，並不見得一定會直接中彩券來得，而此人容易頭腦不清，失去工作，或到自己的忌方去簽彩券，因此失去暴發運。而讓運氣錯過了。

流年逢化權時，大多主掌權力。逢化祿時，大多主人緣好、機運好，能進財。逢化科時，大多主氣質好，有辦事能力。但一定要先看這些『權、祿、科』有沒有用？在那一方面有用？才能真正斷定運氣好壞。一般有『權、祿、科』在流年之中，人多半會上進、努力，思想清楚一些。這也是具有好的『權、祿、科』才能有的狀況。不好的『權、祿、科』會使人更耗財多，更拉下運氣，或使人頭腦不清。所以大家只要認清星曜的本質，算命就很容易了。也根本不必創造無謂的，沒用的理論，用時歲的天干四化飛星來擾亂正統的命理學了。

另外再強調的，最重要的一點是：每個人在行運上都只有自己本生年所有的化權、化祿、化科、化忌。倘若你是甲年生的人，在你的命盤上只有廉貞化祿、破軍化權、武曲化科、太陽化忌。你在行運時，也只走這一套的『權祿科忌』。無論逢乙年、丙年、丁年、戊年、己年、庚年、辛年、壬年、癸年，都是一樣。你絕走不到武曲化忌，或太陰化忌的運程。也走不到天機化權或紫微化權的運程。你所走到的只是破軍化權的運程及太陽化忌的運程。其他年份出生的人也是一樣，你只會走你專屬的、你自己的出生年所代表的『權祿科忌』的運程。

西元二〇〇三年是癸未年，西元二〇〇四年是甲申年，又對你有何影響呢？這些流年運程是對大環境的影響。例如癸未年的四化是巨門化權、破軍化祿、太陰化科、貪狼化忌。表示在社會或國家

及全世界中的大環境中，就是一個紛爭很多，用嘴巴吵架爭辯，是非災禍多的環境。而且人緣、機會不好，保守、接觸和關係不夠良好，但會拼命在理財方面找錢來花的大環境。這種大環境與你尚有一段距離，你自己在羊年運氣好的人，會不受影響。但你自己在羊年逢弱運、衰運的人，便會受到整個大環境的衰退而狀況更差了。

在二〇〇三年中，所有的人，都是以未宮為流年命宮，因此在自己的命盤中的未宮會出現化忌星或羊、陀、火、鈴、劫空等星的流年運就不佳了，還會有是非及災禍等發生。

例如**在未年，『紫微在子』命盤格式的人**，又生於丁年有天同陷落化權、巨門陷落化忌、擎羊同在未宮的，未年便十分辛苦，是非、競爭多又多災禍、不順了，而且很有可能受傷致殘。長期生病的人容易歸天。

在未年，『紫微在卯』命盤格式的人，又是丙年生者，有廉貞居平化忌、七殺在未宮時，要小心車禍、血光、官非、災禍、病災開刀等事。

在未年，『紫微在申』命盤格式的人，又生於戊年有天機居陷帶化忌的人，運氣不佳，多是非、困頓、災耗。

在未年，『紫微在戌』命盤格式的人，又生於甲年有太陽居得地化忌（日月同宮）或生於乙年有太陰居陷化忌，或生於庚年，有太陽居得地化祿、太陰居陷化忌（祿忌相逢），會有事業上及錢財上的災禍困難。亦或是遭受男人或女人的災害。

在未年，『紫微在亥』命盤格式中，壬年生的人有武曲居廟化忌（武貪同宮）或癸年生的人，有貪狼居廟化忌，這也會造成錢財和機會方面的困頓。

其他如『紫微在丑』命盤格式的人，未宮是天相，『紫微在寅』命盤格式的人，未宮是天梁居旺，『紫微在未』命盤格式的人，未宮是紫微、破軍，『紫微在酉』命盤格式的人，未宮是天府。或其他命盤格式的人在未宮沒有化忌或羊、陀、火、鈴、劫空，主星又不陷落的人，其羊年就會過得平順，沒有煩惱了。

所以在你當時所臨到的大運或流年運程時，只要看限運所屬的宮位，其中是否有吉星居廟、居旺、居得地之位，還是居陷位？是否有煞星或有化忌、劫宮、羊、陀、火、鈴是否出現在宮位中或在對宮相照，便可知此大運或流年是吉？是凶了。根本也就不必去聽信飛來飛去的四化星如何在沖忌的問題，更不必為『流出忌』、『射出忌』而煩惱了。做人要務實，要學實在的東西，不可人云亦云，盲從的附合無中生有的東西。所有的理論都需要時代來印證，建立基礎。沒有經過時代考驗的理論，是無法長期存在的。請讀者自己斟酌之。

大運、流年之三合宮位的問題

觀看大運，要不要看其三合宮位的影響？很多紫微斗數派別的人是意見不一的。而我的意見是『不需要看的！』

因為大運管十年運程，時間太長，其中運氣變化多端，每一個所處的大運宮位，其實只提供了大概的運氣好壞的狀況，是無法很細膩的表現出運氣的細節出來的。因此流年、流月是比較重要的，在時間上比較接近我們日常的生活。

所以我建議讀者或剛進入紫微斗數領域的人，在你觀看大運時，只要看每個大運所屬的宮位便好，甚至連該大運之對宮都不必考慮進去。即使該大運之對宮有化忌、劫空、羊陀火鈴出現，也只表示該大運之外在環境不佳而已，但該大運之運氣好壞，仍以所屬之宮位主星之吉凶為主。因為環境不好或太壞，並不代表你會過不去或過得不好。你只會保守、多煩惱、消耗得多一些，但只要本運好，仍是會平順的。

既然大運的對宮都不必太在意了，自然其三合宮位是更其次的宮位，就更不必看了。

另外一個理由是：大運所管的運程時間較長，因此是不看大運財帛宮、大運官祿宮、大運夫妻宮、大運僕役宮……之類的宮位的。因為所代表運氣的時間太長，本來就不是很準確的內容了，只是一個大概而已，你也不必用太多的變化資料再加入，反而愈搞愈亂，會更搞不清楚此大運到底是好？是壞了？

很多朋友來信或在論命時問我這個讓他們煩惱很久的問題。因為有時大運的本運很好，但對宮或三合宮位差，因此心中茫然，到底是好還是不好？

其實大運不須看三合及對宮。大運好，但對宮有煞星，表示此大運雖好，但有些辛苦和鬱悶，有些煩惱而已，但仍過得去。而流年就要看對宮和三合了。流年的對宮，就是流年遷移宮，表示當年外面及周圍的環境好壞的狀況。例如流年走七殺運，對宮一定是天府，表示流年是打拚、埋頭苦幹的年份，而當時的外界環境及周遭環境也一定是富裕的、有錢讓你賺的環境。例如流年走天相運時，對宮一定是破軍相照，表示其流年是平安享福，也會打理錢財。有足夠的錢財來讓你享受、享福的，但在你的外界環境中，一定有許多讓你破耗花錢的事。同時在你的周遭環境中，也會有一些讓你改

革、打拚的、辛苦的事，不過，你都會使這些事會順利處理。因此有很多人，會在『天相』的流年運中，把自己家中裝潢一下，一方面為了改變一下，一方面為了享受而辛苦。

流年要看三合宮位

流年命宮，即是該流年當逢之運氣。而流年命宮的三合宮位，就是流年財帛宮和流年官祿宮（流年之『命、財、官』），因此看流年的三合，主要要知道該年的財運和事業運。流年運氣的好壞，主要還是靠該年的財、官來支撐的。例如你**流年走破軍運**，則流年財帛宮定然是七殺，流年官祿宮定然是貪狼，表示你該年在走破軍運時，會打拚、會改革、會破耗，因為事業上有好運，但是賺錢辛苦，賺的不算多，又會花掉很多，或投資很多，是故實際上自己所享用的並不多。例如你**流年在走七殺運時**，其流年財帛宮是貪狼，流年官祿宮是破軍。表示該流年中，你會努力打拚，埋頭苦幹，是心無旁騖、堅持的、為賺錢工作而努力的。因為財運上有好運的關係，因此事業上是開創、變革的格局。會為了把工作做好，而有更多的應變做法。因此就能賺更多的錢了。例如你**流年走貪狼運時**，流年財帛宮就是破軍，流年官祿宮就是七殺。表示你在該年有好運，在錢財上敢投資和敢花錢，在工作上就必需忙碌不停了。故而，凡是人在走『殺、破、狼』的流年運程時，都有運氣轉變、發奮圖強，或人生中有突發事件。倘若流年運程逢『殺、破、狼』又有『權、祿、科』相隨，會有更加強『殺、破、狼』變化的力量與層次。倘若流年運程逢『殺、破、狼』，又有化忌、羊陀、劫空在三合宮位上，則此流年必有刑傷，有時是傷財、或刑運，有時是傷身。這也是刑傷到自己本身的原始資源了。

流年三合怎麼看

在流年的三合宮位中，流年本運好，但流年財帛宮不好、流年官祿宮好的狀況時，表示該年工作狀況尚順利，一切平順，但錢財少，或有錢財進出不順利的狀況。

流年本運好，流年財帛宮也好，但流年官祿宮不好的狀況時，表示該年在工作上爭鬥多，或工作不順，但錢財還過得去，因此生活無慮。在此年運中，你所賺的錢，很可能有一些不是工作所得的，可能是租金或利息錢，或是其他意外之財。

流年本運不好，但流年財帛宮好，流年官祿宮也好的狀況時，表示該年運氣弱，但工作和錢財仍無慮。故你要檢視該年最差的宮位是什麼？問題就出在那裡！例如倘若你在走流年運程是『擎羊運在未宮』，流年遷移宮是武貪，流年財帛宮是天相陷落，流年官祿宮是天府居得地之位。表示你在未年十分辛勞，煩惱多，而且好爭鬥，用心思。此年你外界的環境中仍多財運和好運機會。但是你在錢財上並不優渥，也不順利，可是你會有固定的工作，也會有足夠的薪水可過活。此年最差的是流年福德宮、有廉破入宮，故你此年會因智慧不足而破耗，故會有錢財不順，遭騙錢或投資失敗、倒會等錢財上的是非及災禍。

又例如未年走陀羅運，流年遷移宮是同巨，流年財帛宮是陽梁居廟，流年官祿宮是太陰居廟的人。在未年的流年中本運不好，凡事會拖拖拉拉，也會腦筋慢和笨一些，又頑固一些，心中會鬱悶、多想，多是非一些。但是此流年中有貴人、長輩或男性、女性一同來幫助財運。在工作上也是一種用感情，保守的，會理財，算錢，會儲存的，以溫和、柔美的工作方式來細膩的工作，因此在錢財和工作上會無問題。在此流運中最差的是流年遷移宮是同巨和流年夫妻宮是天機居平。因此你一下子就可看出此流年運是和此人在此流年中的心態上的問題所造成的不順。因為此年中，外界環境是慵懶提不起勁來的環境，該人此年中內心有一些小聰明，想偷懶，流年福德宮又是空宮，代表頭腦迷茫，是故會顯出腦子笨，做事拖拉，不乾脆，常想藉一些小病或小是非來拖延事情了。但他在此年的財運和事業運還是過得去的，只是財不多，是賺薪水之財罷了。

流年本運不好，流年財帛宮好，流年官祿宮不佳時，一看就知道是事業運之問題和流年本運綁在一起，此年你的工作會有起伏，或斷斷續續，你會東拉西湊的過日子，或原本還有積蓄可頂得住，或賺一些外快與或本行無關的錢財，錢財上還無慮。

流年本運好，流年財帛宮不好，流年官祿宮也不算好時，這表示你的流年本運雖好，但在事業和錢財上所得不多，因此該年只是稍平順而已，實際該年還有很多問題尚待解決，是略帶隱憂的。

例如未年流年走天府運的人，倘若又是癸年生的人，未年流年本運是天府居廟，看起來會非常富足多金了。但是流年財帛宮是空宮，流年官祿宮是天相居得地之位、陀羅入宮，並且流年福德宮是紫微、貪狼化忌，因此，此人的流年運看起來不錯，但實際上並沒感覺有多好，在工作上有得過且過，不積極努力的趨勢，在錢財上沒好運，免強能平順就不錯了。實際上此人在該年常被別人逼迫做事打拼，而其人內心煩憂多，家中常吵鬧不休，在精神上會有些鬱悶的。

其他如未年走紫破運的人，其流年財帛宮是武殺，是『因財被劫』。流年官祿宮是廉貪，雖努力打拼，破耗，但此年不會升官，也最好別辭職跳槽，否則只有自己當窮老闆或休閒在家了。只要持續在崗位上，仍能平順和做一些事的。倘若流年運的紫破又有文昌、文曲同宮或在對宮的相照一時，此年運肯定是窮的，再如何打拼也是耗財的了，況且你的打拼能力也會不強，而是嘴吧說得好聽要打拼而已。此年更要小心因桃花而破財的問題。而且極可能是爛桃花。

流年三合的『權、祿、科』

倘若在你命盤中，剛好有化權、化祿、化科在三合宮位上。只要流年命宮逢到此任何一個化星上，就表示你在該流年的流年『命、財、官』全逢上『權、祿、科』，這樣自然有助於你在運氣上有好運。但是仍要看這些化權、化祿、化科所跟隨的主星及其旺弱，再細究吉凶，才能真正知道運氣是否是真好？也才能真正知道運氣好到什麼程度。

因此，若在流年三合上逢到『權、祿、科』，只要不夾帶煞星和忌星，大致上都有積極、奮發、平順、會做事，有財祿的效果，也容易掌權力和升官。有煞星和化忌相沖剋時，就會有問題產生。積極、奮發，平順和能力，財祿都會消失和減少。

有些人對於自己命格中的『權、祿、科』很滿意和興奮，但不願意瞭解真相。卻常跑來問我：老師，你看這麼好的命格，為什麼並沒賺到大錢和擁有大事業呢？我想他自己比誰都清楚。賺大錢和擁有大事業是必須付出勞力和心力的。擁有『權、祿、科』的命格的人很多，但是不是完美的『權、祿、科』就很難說了。而且不希

望弄清楚真相的人也非常多。有好的『權、祿、科』的人，他自己怎會不知道自己的命格有幾兩重呢？在此與讀者共勉之。希望大家都能把握自己命格中的『權、祿、科』所形成的特質，並要小心或化解或抵制化忌和煞星的惡質，便能創造出一個平順、和諧、圓融、幸福的人生。『權、祿、科』在閒宮中的人也沒什麼不好的。陳水扁總統也只有一顆武曲化權在官祿宮，就做上總統了。所以『權、祿、科』在命格中是有用的，不在命宮，在財帛宮或官祿宮會更好。

對你有影響的

在每一個人的命盤中都會有羊、陀、火、鈴出現，這些星曜其實會根據其本身特質來幫助或影響命格，有加分、減分的作用。羊、陀並不全都不好。

火鈴也有好有壞，端看我們怎麼運用它們的長處，和如何抵制它們的短處，就能平撫羊、陀、火、鈴的刑剋不吉。以及利用它們創造更高層次的人生。

這是一套六本書的套書，其餘是『權科祿』、『化忌、劫空』、『昌曲左右』、『殺破狼』、『府相同梁』。

這套書是法雲居士對學習紫微斗數者常忽略或弄不清星曜特質，常對自己的命格有過高的期望或過於看輕的解釋，這兩種現象都是不好的算命方式。因此，以這套書來提供大家參考與印證。

命理生活新智慧・叢書

在這個混沌的世界裡
人不如意有十之八九
衰運時，什麼事都會發生！
爲什麼賺不到錢？
爲什麼愛情不如意？
爲什麼發生車禍、傷災、血光？
爲什麼遇劫遭搶？
爲什麼有劫難？
爲什麼事事不如意？
要想改變命運重新塑造自己
『紫微改運術』幫你從困厄中
找出原由

這是一本幫助你思考，
並幫助你戰勝『惡運』的一本書

命理生活新智慧・叢書05

熱賣中

算出紫微斗數

簡易排法及解說

你很想學紫微斗數，
但又怕看厚厚的書，
與艱深難懂的句子嗎？
你很想學紫微斗數，
但又怕繁複的排列程序嗎？
法雲居士將精心研究二十年
的紫微斗數，寫成這本書。
教你用最簡單的方法，
在三分鐘之內排出命盤，
並可立即觀看解說，
讓你在數分鐘之內，
就可明瞭自己一生的變化，
繼而進入紫微的世界裡，
從此紫微的書你都看得懂了
簡簡單單學紫微！

命理生活新智慧・叢書23

從歷史的經驗裡，告訴我們
命格的好壞和生辰的時間有密切關係，
命格的高低又和誕生環境有密切關係，
這就是自古至今，做官的、政界首腦人物、精明富有的老闆，永享富貴及高知識文化。
而平民百姓永遠在清苦的生活中與低文化的水平裡輪迴的原因。
人生辰的時間，決定命格的形成。
命格又決定人一生的成敗、運途與成就，
每一個人在受孕及出生的那一剎那已然決定了一生！
很多父母疼愛子女，想給他一切世間最美好的東西，但是為什麼不給他『好命』呢？
『幫子女找一個好生辰』就是父母能為子女所做，而很多人卻沒有做的事，有智慧的父母們！驚醒吧！
請不要讓子女一開始就輸在命運的起跑點上！

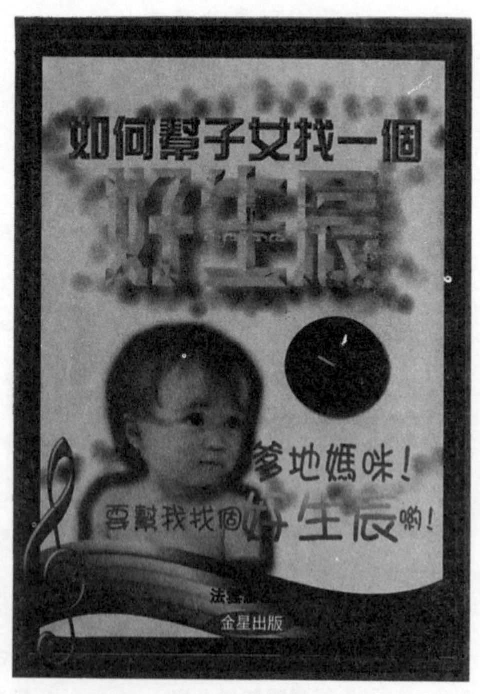

●金星出版●

電話：(02)25630620・28940292
傳真：(02)28942014
郵撥：18912942 金星出版社帳戶

紫微命格論健康

法雲居士⊙著

在中國醫藥史上，以五行『金、木、水、火、土』便能辨人病症，
在紫微斗數中更有疾厄宮是顯示人類健康問題的主要窗口，
健康在每個人的人生中是主導奮發力量和生命的資源，
每一種命格都有專屬於自己的生命資源，
所以要看人的健康就不是單單以疾厄宮的內容為憑據了，
而是以整個命格的生命跡象、運程跡象為導向，來做為一個整體的生命資源的架構。
沒生病並不代表身體真正的健康強壯、生命資源豐富。
身體有隱性病灶、殘缺的，在命格中一定有跡象顯現，

健康關係著人生命的氣數和運程的旺弱氣數，
如何調養自身的健康，不但關係著壽命的長短，也關係著運氣的好壞，
想賺錢致富的人，想奮發成功的人，必須先鞏固好自己的優勢、資源，
『紫微命格論健康』就是一本最能幫助你檢驗出健康數據的書。

你的財要怎麼賺

這是一本教你如何看到自己財路的書。
人活在世界上就是來求財的！
財能養命，也會支配所有人的人生起伏和經歷。
心裡窮困的人，是看不到財路的。
你的財要怎麼賺？人生的路要怎麼走？
完全在於自己的人生架構和領會之中，
法雲居士利用紫微命理為你解開了這個
人類命運的方程式，
劈荊斬棘，為您顯現出你面前的財路，
你的財要怎麼賺？
盡在其中！

熱賣中

實用紫微斗數精華篇

學了紫微斗數卻依然看不懂格局，
不瞭解星曜代表的意義，
不知道命程形局的走向，
人生的高峰時期在何時？
何時是發財增旺運的好時機？
考試、升職的機運在何時？
何時才會交到知心的好朋友？
姻緣在何時？未來的配偶是一個什麼樣的人？
一生到底能享多少福？成就有多高？
不管問題是你自己的，還是朋友的，
你都在這本書中找得到答案！
法雲居士將紫微斗數的精華從實用的角
來解答你的迷惑，及解釋專有名詞，
讓你紫微斗數的功力大增，
並對每個命局瞭若指掌，如數家珍！

法雲居士⊙著

『紫微姓名學』是一本有別於坊間出版之姓名學的書，
我們常發覺有很多人的長相和名字不合，
因此讓人印象不深刻，
也有人的名字意義不雅或太輕浮，以致影響了旺運和官運，
以紫微命格為主體所選用的名字，
是最能貼切人的個性和精神的好名字，
當然會使人印象深刻，也最能增加旺運和財運了。
『姓名』是一個人一生中重要的符號和標幟，
也表達了這個人的精神和內心的想望，
為人父母為子女取名字時，就不能不重視這個訊息的傳遞。

法雲居士以紫微命格的觀點為你詳解『姓名學』中，
必須注意的事項，助你找到最適合、助運、旺運的好名字。

命理生活新智慧・叢書15

法雲居士⊙著

從前有諸葛孔明教你『借東風』
今日有法雲居士教你『紫微賺錢術』

這是一本囊括易術精華的致富法典
法雲居士繼「如何算出你的偏財運』一書後
再次把賺錢密法以紫微斗數向你解盤，
如何算出自己的進財日期？
何日是買賣股票、期貨進出的大好時機？
怎樣賺錢才會致富？
什麼人賺什麼錢？
偏財運如何獲得？
賺錢風水如何獲得？
一切有關賺錢的玄機技巧，盡在『紫微賺錢術』當中，
讓你輕鬆的獲得令人豔羨的成功與財富。
你希望增加財運嗎？
你正為錢所苦嗎？
這本『紫微賺錢術』能幫助你再創美麗的人生！

●金星出版●

電話：(02)25630620・28940292
傳真：(02)28942014
郵撥：18912942 金星出版社帳戶

如何觀命・解命

法雲居士⊙著

古時候的人用『批命』
是決斷、批判一個人一生的成就、功過和悔吝。
現代人用『觀命』、『解命』
是要從一個人的命理格局中找出可發揮的潛能，
來幫助他走更長遠的路及更順利的路。
從觀命到解命的過程中需要運用很多的人生智慧，但是我們可以用不斷的學習
就能豁然開朗的瞭解命運。

法雲居士從紫微命理的觀點來幫助你找出命中的財和運，
也幫你找出人生的癥結所在。
這本『如何觀命・解命』也徹底讓你弄清楚算命的正確方向。

法雲居士⊙著

一般人從觀命開始，把命看懂了之後，就想改命了。
命要怎麼改？很多人看法不一。
改命最重要的，便是要知道命格中受刑傷的是那個部份的命運？
再針對刑剋的問題來改。
觀命、解命是人生瞭解命運的第一步。
知命、改命、達命，才是人生最至妙的結果。

法雲居士用紫微命理的觀點來協助你進入知命、改命，以致於達命的人生境界。這本『如何觀命・改命』會幫助你過更好的日子，更清楚自己的人生方向。

如何算出你的偏財運

這是一本讓你清楚掌握人生運程高潮的書，
讓你輕而易舉的獲得令人欽羨的事業和財富。
你有沒有偏財運？偏財運會改變你的一生！
你在何時會有偏財運？如何幫助引爆偏財運？
偏財運的禁忌？等等種種問題，
在此書中會清楚的找到解答。
法雲居士集二十年之研究經驗，利用科學命理的方法
教你準確的算出自己偏財運的爆發時、日。
若是你曾經爆發過好運，或是一直都沒有好運的人
要贏！要成功！一定要看這本書！
為自己再創一個奇蹟！

命理生活新智慧・叢書04

你一輩子有多少財

教你預估命中財富的方法

法雲居士◉著

◉有人含金鑰匙出生，
有人終身平淡無奇，
老天爺眞的是那麼不公平嗎？
你的命裡到底有多少財？
讓這本書告訴你！

已出版
熱賣中

命理生活新智慧・叢書

紫微格局看理財

『理財』就是管理錢財。必需愈管愈多！因此，理財就是賺錢！

每個人出生到這世界上來，就是來賺錢的，也是來玩藏寶遊戲的。

每個人都有一張藏寶圖，那就是你的紫微命盤！一生的財祿福壽全在裡面了。

同時，這也是你的人生軌跡。

玩不好藏寶遊戲的人，也就是不瞭自己人生價值的人，是會出局，白來這個世界一趟的。

因此你必須全神貫注的來玩這場尋寶遊戲。

『紫微格局看理財』是法雲居士用精湛的命理方式，引領你去尋找自己的寶藏，找到自己的財路。

並且也教你一些技法去改變人生，使自己更會賺錢理財！

用顏色改變運氣

法雲居士⊙著

顏色中含有運氣，運氣中也帶有顏色！
中國有自己一套富有哲理系統的用色方法和色彩學。
更可以利用顏色來改變磁場的能量，使之變化
來達成改變運氣的方法。
這套方法就是五行之色的運用法。

現今我們對這一套學問感到高深莫測，
但實則已存在我們人類四周有數千年
歷史了。

法雲居士以歷來論命的經驗和實例，
為你介紹用顏色改變運氣的方法和效力，
讓你輕輕鬆鬆的為自己增加運氣和改運。

如何尋找磁場相合的人

法雲居士⊙著

每個人一出世，便擁有了自己的磁場。
好的磁場就是孕育成功人士、領導人、有
能力的人能造福人群的人的孕育搖籃。同
時也是享福、享富貴的天然樂園。壞的磁
場就是多遇傷災、破耗、人生困境、貧
窮、死亡以及災難無法躲過的磁場環境。
人為什麼有災難、不順利、貧窮、或遭遇
惡徒侵害不能善終的死亡？
這完全都是磁場的問題。

法雲居士用紫微命理的方式，讓你認清自
己周圍的磁場環境，也幫你找到能協助
你、輔助你脫離困境、及通往成功之路的
磁場相合的人。
讓你建立一個能享受福財與安樂的快樂天堂。

如何選取喜用神

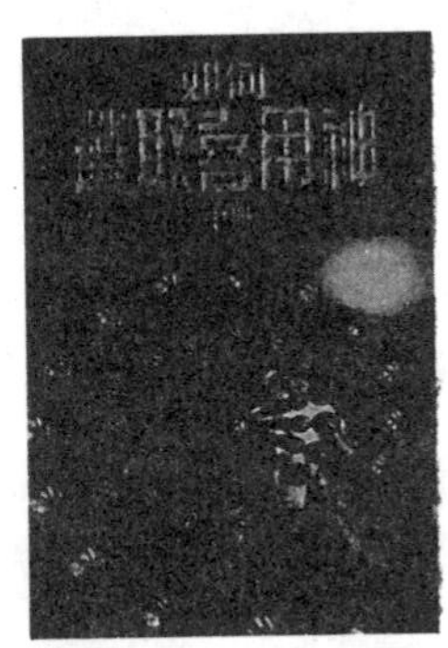

(上冊)選取喜用神的方法與步驟
(中冊)日元甲、乙、丙、丁選取喜用神的重點與舉例說明
(下冊)日元戊、己、庚、辛、壬、癸選取喜用神的重點與舉例說明

每一個人不管命好、命壞，都會有一個用神和忌神。
喜用神是人生活在地球上磁場的方位。
喜用神也是所有命理知識的基礎。
及早成功、生活舒適的人，都是生活在喜用神方位的人。
運蹇不順、夭折的人，都是進入忌神死門方位的人。
門向、桌向、床向、財方、吉方、忌方，全來自於喜用神的方位。
用神和忌神是相對的兩極。
一個趨吉，一個是敗地、死門。
兩者都是人類生命中最重要的部份。
你算過無數的命，但是不知道喜用神，還是枉然。
法雲居士特別用簡易明瞭的方式教你選取喜用神的方法，
並且幫助你找出自己大運的方向。

命理生活新智慧・叢書

《上、中、下、批命篇》四冊一套

◎法雲居士◎著

『紫微斗數全書』是學習紫微斗數者必先熟讀的一本書。但是這本書經過歷代人士的添補、解說或後人在翻印上植字有誤，很多文義已有模糊不清的問題。

法雲居士為方便後學者在學習上減低困難度，特將『紫微斗數全書』中的文章譯出，並詳加解釋，更正錯字，並分析命理格局的形成，和解釋命理格局的典故。使你一目瞭然，更能心領神會。

這是一本進入紫微世界的工具書，同時也是一把打開斗數命理的金鑰匙。

命理生活新智慧・叢書46

如何推算大運・流年・流月

（上、下二冊）

全世界的人在年暮歲末的時候，都有一個願望。都希望有一個水晶球，好看到未來一年中跟自己有關的運氣。是好運？還是壞運？
中國人也有自己的水晶球，那就是紫微命理精算時間的法寶。在紫微命理中不但可看到你未來一年的命運，更可以精確的看到你這一生中每一個時間，年、月、日、時的運氣過程。非常奇妙。
『如何推算大運・流年・流月』這本書，是法雲居士利用紫微科學命理教你自己學會推算大運、流年、流月，並且包括流日、流時等每一個時間點的細節，讓你擁有自己的水晶球，來洞悉、觀看自己的未來。從精準的預測，繼而掌握每一個時間關鍵點。

這本『如何推算大運・流年・流月』下冊書中，法雲居士利用紫微科學命理教你自己來推算大運、流年、流月，並且將精準度推向流時、流分，讓你把握每一個時間點的小細節，來掌握成功的命運。
古時候的人把每一個時辰分為上四刻與下四刻，現今科學進步，時間更形精密，法雲居士教你用新的科學命理方法，把握每一分每一秒。
在每一個時間關鍵點上，你都會看到你自己的運氣在展現成功脈動的生命。

法雲居士⊙著

金星出版

VENUS PUBLISHING CO.
金星出版
命理生活新智慧・叢書

VENUS PUBLISHING CO.
金星出版
命理生活新智慧・叢書